新生死學
——生命與關懷

鈕則誠◎著

New Approach for the Studies of Life and Death:
Life and Living, Care and Caring

接著講：代序

　　過去一年半我努力從事創作，在當下及事後都意識到自己正在「接著講」。緣起是2017年底我寫了一篇議論文章題爲〈大智教的建構〉，首度把心目中作爲官方生命教育民間版的「大智教化」，正式凝聚爲一門反諷的現世主義擬似宗教「大智教」，用以自度度人、安身立命、了生脫死。到了次年暑假，這篇文章開始在我的心靈深處醞釀發酵，竟然一發不可收拾，接續引申出十一篇系列文章，連同作爲酵母的原漿，結集而成《新生命教育》一書；反身而誠，發覺後面成果正是先前的「接著講」。該書於2019年秋天問世，靈感似乎沒有就此打住，文思泉湧之下，本書《新生死學》又成爲前書的「接著講」。

　　「接著講」是當代中國哲學家馮友蘭所提出的創新治學方法，但在此之前必須先謹守傳統「照著講」。這兩點在我看來，不啻體現出宋儒陸九淵所指「我註六經」和「六經註我」的不同學問工夫，而我的更前一部著作正題爲《六經註》。回想從高中時代起就一頭栽進哲學自以爲是，至今仍在自行其是。不惑之年接觸到由哲學家傅偉勳所創的生死學，便將之視爲哲學「愛好智慧」之大用；眼前《新生死學》一方面對他的體用思想「接著講」，另一方面也反映出自己多年思索的更上層樓。距離我所寫的頭一種生死學教科書已近二十載，個人生涯即在其中浮沉於老病之流轉，暮年餘生的志業，唯願自助助人了生脫死而已。

鈕則誠

2020年瘟疫天空下

目　錄

下篇：行　動　79

附篇　**157**

零

楔 子

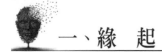

一、緣　起

　　是的，我又動筆了，不吐不快也！2019年暑假初接獲邀請，連續第四年赴大陸出席全國性的生死學研討會。此回主辦方希望多談些學科建構的問題，而這正是我最感興趣也最關心的問題，乃於兩天後立即提筆撰寫萬字論文，題爲〈後設生死學：回顧、前瞻與建構〉，並且兩週內便完成初稿。在這篇論文內，我發現並提出了生死學的核心價值與競爭力，那便是理念面的「**生命學**」，以及實踐面的「**關懷學**」。生死學由旅美哲學學者傅偉勳於1993年在臺灣首創，立刻蔚爲流行，他也因此受邀爲南華管理學院籌辦生死學研究所。未料他壯志未酬，於1996年大去往生，年僅六十有三。當時設所任務竟意外降臨在我身上，繼承其遺志於次年順利開辦招生。二十多年來我仍對此一新興學科的建構不斷思索改善之道，論文讓我起了個頭，意猶未盡之餘便想到寫書，於是又開始動筆。

　　生死學設計藍圖呈現於傅偉勳《死亡的尊嚴與生命的尊嚴——從臨終精神醫學到現代生死學》，甫問世便成爲暢銷書歷久不衰。身爲哲學學者，這是他唯一的生死學著作。但與其說是學術論著，不如視爲生死書寫；因其緣起於作者罹癌所感受到的親身體驗和時不我予，算得上現身說法。他年長我二十歲，因爲同行而交流，我有幸在生涯起步前後與之結緣長達十年之久，沒想到生涯竟因此隨緣流轉，讓我走進生死學與生命教育的世界。由於圍繞著這些課題從事教學研究，我陸續出版相關著作二十四種，其中五種直接以「生死」或「死生」爲題，眼前則是第六部，可謂一發不可收拾。理由何在？我經常捫心自問，近日終於拈出「**自度度人安身立命了生脫死**」的解答。常識告訴我們「人終不免一死」，這點大家都同意；但是我感受體認到「人死如燈滅」的常識，人們卻莫衷一是。

　　想到這些剪不斷理還亂的問題，並非近年入老後才開始，它幾乎可以追溯到半世紀前我初涉哲學的心路歷程。不怕大家笑，吾十有五便有志於愛智之學，從此註定走上足不踏實的「務虛」一生。「務虛」是大陸用語，與「務實」相對，多指講些大而化之的空虛言論，哲學予人印象多半如此。但是我年輕時的確是受到當時流行的存在主義影響而一頭鑽進愛智殿堂，選擇進哲學系從學士念到博士，進而當上哲學教授，不斷放言高論玄之又玄的宇宙與人生大道理。直到遇見生死學，終於豁然開朗。眾所週知，西方思潮中存在主義最喜歡談生論死；當我在不惑之年邂逅生死學，將之視為哲學「大用」之處，頓覺教學生涯已由「職業」發展至「事業」，日後更提昇為「志業」。本書的寫作雖仍用作宣講佈道，但與之前類似教科書不同之處，就在於我的學以致用，進而推己及人、自度度人。

二、因　果

　　常識教給我們，凡事有果必有因，不種因不結果。我之所以走上生死學教研之途，前輩傅偉勳的提攜固然是一大原因，自己「**生命情調的抉擇**」亦為重要動力。說來也有趣，家裏連我共有五兄弟，二兄二弟皆為生意人，一生極端務實；只有我似為怪胎，不但務虛更堅持無後，好在還有老婆相互扶持。作為學者教師，其實也可以走向實學；像我拿到博士後進商專教書，為工作需要而至企業管理研究所進修，看見老師們個個受到商界的尊重，一度心嚮往之還想再去考博士班，期待日後改行教管理。巧的是雖然沒能念成第二個博士，但我還真有機會涉足管理，曾經當上空中大學「生命事業管理科」創科主任，為國內殯葬管理改革善盡一份心力。在我看來，生死仍然可以務虛地講，但殯葬終究屬於一門行業，知與行都必須務實方能到位。從生死走向殯葬，不啻為另外一段奇妙的因緣。

　　我自認是臺灣殯葬改革的重要推手，甚至因此做過上市公司的董事而成爲「業者」，但如今早就功成身退，連正式教職都已屆齡退休，僅保留兩處兼課，教的都是生死學。爲何我對此情有獨鍾？深層心理或許跟別人甚至傅老一樣「怕死」。旁人是越怕越躲著它，我卻越焦慮越想接近它、瞭解它，最終希望能夠克服它。近年我稱這種自我了生脫死的途徑爲「大智教化」，它其實早在學校生命教育課程中便列爲「生死關懷」一科。認眞地看，人生諸多因果大多爲稟性氣質使然，俗話說「性格決定一切」正是此意。我跟前輩傅偉勳同樣想解套自身的神經質焦慮，他於代表作中用了很大篇幅介紹日本「神經質之父」森田正馬醫師的精神治療法，我則通過不斷書寫以擺脫濃得化不開。森田療法問世至今屆滿百年，前此得見北京大學醫學院出書推廣「中國式森田療法」，不禁心有戚戚焉。

　　我不相信算命，因爲太接近決定論；但我樂於接受命運說，只要把它拆開來看。一旦將命與運分開，則前者代表先天條件，而後者可指向後天努力。俗話說「命好不怕運來磨、命差則靠運來補」，往深處看，「命」其實是被註定的那部分，譬如種族、性別、氣質等等；至於「運」常跟「氣」連用，「氣」表「氣勢」，即個性所顯示的勢之所趨。像我的個性優柔寡斷，做事沒長性又喜胡思亂想，走向務虛的哲學或許正是不錯的選擇。當年考大學堅持塡哲學系，種下的因結成今日之果，於是我也嘗試現身說法，用自身體驗將生死學盡可能轉化成一套務實的人生哲理，向有緣人推廣。本書題爲《新生死學》同樣可以判成兩橛，全書從「死學」講起，到後面才談到「新生」，體現出我所提倡的「向死而生、由死觀生、輕死重生」生死關懷，也適巧反映出孫子「置之死地而後生」的大智大慧。

上篇

知　道

壹

死　學

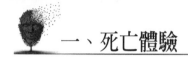 一、死亡體驗

1.送　終

　　「死學」是 "death studies" 的直譯，「死」的範圍較大，除「死亡」一義外，還包括「臨終」及「瀕死」等概念。同樣道理，以「生學」直譯 "life studies"，也納入「生命」、「生活」、「生存」諸多考量。我以「死學」和「生學」二章構成《新生死學》的理念篇，題爲〈知道〉；後半則爲實踐篇〈行動〉，分爲「關懷」與「新生」二章；每章又各分四節，每節包含六帖，加上楔子及尾聲共計百帖十萬言。在首章中我想從「送終」談起，這是許多人的唯一死亡體驗，於我尤其深刻。此處所說的「死亡體驗」雖然可以涉及自身，但更多是指對跟自己有關的人辭世之感念；至於看見事不關己的人或物死亡，除可能抱有「同體大悲」的胸懷外，面對的只算是「死亡現象」。此乃人之常「情」，屬於差等之「愛」，在討論生死議題前必須了然於心。

　　差等之愛容後再述，倒是人之常情值得深思。回想一下你我可曾有過喪親、喪偶或失去摯愛的傷心體驗？心理學家告訴我們，「悲傷」的情緒源自「失落」的感受，而失落感來自關係的「依附」之斷裂；依附即是彼此關係的情感聯結，關係對象是人、動植物或無生物，像有人走失一隻狗或弄丟一件心愛物皆屬之。一般而言，人際關係的有無，可視爲究竟是死亡體驗亦或死亡現象的判準，畢竟死亡現象大多事不關己。此中心理狀態繫於「關懷」，關懷包含「關心」與「照顧」兩部分。後者直接及於對象，無論相干與否；前者雖可僅止於在乎，但於在乎對象會出現失落感受，想到爲其送終並參加喪禮，此乃人之常情，我視之爲死亡體驗。相對便屬似有若無身外之事的死亡現象，例如新聞報導中的

天災人禍或意外事件，也不時會出現在身邊。

印象裏眞正爲親人送終的只有繼父，至於生父和母親都未能目送。八十出頭的繼父罹癌多次入院，最後一回連續住了三週便安詳辭世，大致未受太多苦痛。其實他在最後一週已不省人事，需請看護全天照應。大去那天上午我接到通知爲其準備衣褲鞋襪，下午便到場在旁守候，果然於傍晚斷氣，看護見多識廣的經驗的確到位。這是此生唯一於第一線直面「人死如燈滅」的死亡體驗，看見示波器顯現的生命跡象由激烈變化趨於和緩終歸於零，心理遭受強烈震撼。當時想到教生死學十二載至此才頭一回凝視死亡，不免慚愧。十六個月後老母去世至今，送終機會不再，卻逐漸開始面對自己的老病死，著實無奈。佛陀講「生老病死」皆爲苦，佛教更視爲「生住異滅」、「成住壞空」的流轉，說穿了就表示世事無常，必須學會放下捨得。我提筆再寫生死書，就是希望自度度人放下捨得。

2.喪　禮

性格決定人生，我以自己的人生體驗佐證認同此點；身爲哲學學者及生死教師，我手寫我心，我教故我在，三十七載教研生涯正是我的生命書寫。必須承認的是，我的所學所教所想所寫大多歸於人文領域，而人文學問的主觀性較科學知識強得多，令我無意將主觀「意見」強加於人，只希望通過以文會友，當作善書廣結有緣人，本書即基於此一意願而書寫。寫書當然期待有人閱讀，加上老之已至時不我予，遂無心再以論文集或教科書等型態撰寫，還是回到我最喜愛也最擅於表達的性靈小品千字文途徑上來。既然如此，文章多反映性格下的心之所嚮，若與讀者觀點扞格，只能說是無緣，亦即沒有交集。想到此生與社會價值和人之常情最大扞格之處，一是堅持無後，二則喪禮極簡。我主張人死如燈滅，故宜輕死重生、厚養薄葬；尤應節葬與潔葬，亦即善用聯合奠祭與環保自然葬。

　　對此我確實是說到做到，繼父和母親的後事料理率皆從簡，而我也完全尊重兩位老人家的意願。但一切從簡有時只是經濟上的考量，不必然反映人死如燈滅的意念。此等意念不免跟宗教信仰相衝突，因為不管是宗教或民俗信仰，無不許諾死後生命與世界。至於我則有相反想法，認同傳統儒道二家的「現世主義」。對於這點傅偉勳說得好：「儒家倡導世俗世間的人倫道德，道家強調世界一切的自然無為，兩者對於有關（創世、天啓、彼岸、鬼神，死後生命或靈魂之類）超自然或超越性的宗教問題無甚興趣，頂多存而不論而已。」尤有甚者，經過不斷的哲理反思與生死實踐，我已於花甲耳順之際，將自己的理念打造成為一門具有反諷性質的擬似宗教，此即我在上一部書所提倡的「大智教」、「人生教」。七年來我就以「大智教化主」的身分推動「大智教化」，用以宣揚「大智教義」。

　　生父在美國去世，之前重病我前往探視，三天後半夜平安往生。他是相信有西方極樂世界的佛教徒，因此可稱「往生」。洋邦醫院不讓家屬過夜陪伴，因此無法伴隨送終，但是後事料理卻相當親民，毫無令人感覺疏離的繁文縟節。喪禮於墓區內舉辦，瞻仰和殯葬是在不同日子進行；前者以半天時間讓親友安靜瞻仰遺容，賓客可以留言於冊，跟家屬輕聲問候，伴隨的只有平和的樂音與淡淡的咖啡香。三天後在同處禮廳舉行告別式，捨佛教儀式改以西方常見的親友上臺發表感言以示送行，之後便火化入土。在緩坡上的墓基僅為一般土葬五分之一，且碑石平躺而非直立，從下方望去只見一片綠草，完全不見墓碑，真正做到公墓公園化，雖非自然葬卻十分環保。喪禮所創造的美感體驗效果，遠遠大於傳統慎終追遠行禮如儀，在我心目中留下永難忘懷的美好印象。

3. 失　落

　　老父的英靈永遠留在異邦，我也有十餘年未曾前往，只能撒花於海中遙祭。拋花入海是每年必作的功課，因為母親交代海葬，縱浪大化，

回返自然。而繼父則以捐贈大體遺愛人間，擔任醫學院無語良師後功成身退，由我代為送往公墓樹葬，與天地合其道。繼父和母親均無宗教信仰，生前也對此不以為意，因此我採取公辦聯合奠祭且婉拒宗教儀式，充分達到清風明月、海闊天空的境界。記得有年香港舉辦殯葬博覽會及專業論壇，其中一論題相當吸引我的注意，那便是「無宗教信仰者的喪禮」。著名哲學家胡適、馮友蘭、梁漱溟等人都認為漢人多為「沒有宗教信仰的民族」，這是因為儒家思想的力量強大到足以取代宗教，但是其中繁文縟節又是另外一回事，因此需要由道家（非道教）反璞歸真順應自然的思想來「抓大放小、去繁從簡；正本清源、推陳出新」。

　　喪禮具有哀傷撫慰的功能，我當然知道從善如流；但這一套在我身上顯示不出效果，我有自己的因應之道。反身而誠，生父和繼父去世之於我只留下永恆的懷念，唯有老母在我接回奉養十六個月後大去，算一算竟令我出現長達十載的濃郁失落感，直到不久之前才變得似有若無、雲淡風輕。這是什麼道理？只有用「依附」理論才說得通。必須強調的是，母親辭世我從頭到尾未曾出現任何悲傷情緒，畢竟她以九二高齡壽終內寢，在家於睡夢中羽化，對此唯有羨慕與祝福，根本提不起悲傷，但失落絕對是真實的感受。失落感何來？依附又何在？它指的是你在乎一個人，關切一些事；像母親在我成家後分開二十三載，直到最後一年多才又相聚，不久卻面臨「子欲養而親不待」，失落感於焉形成。一種米養百樣人，當然這只是我個人的獨特際遇，說出來給有緣人分享而已。

　　如果失落感真的來自依附關係，那麼在我的死亡體驗中，除了母親之外，主要就落在自己身上，也就是對老之已至、時不我予的失落。數年前去醫院當了近兩年志工，近距離觀察老病纏身的患者，不時想到自己終究也會成為其中一員，難免感到陣陣愁緒。尤其當我接受安寧病房服務訓練，參加藝術治療課程，畫出心情故事竟為「夕陽無限好，只是近黃昏」，無疑透露出當時的心理糾結。後來發現這也不全然是我劃地自限、坐困愁城，其實也存在一定社會因素。老年學者邱天助發現：

「在『青春霸權』流行勢力的擴張下，人們的意象與生活中，不斷歌頌年輕的美好、鞏固年輕的價值。……在認同倒置的情況下，錯失以老年自己為主體的生活建構能力和機會。」不種因不結果，放下捨得年輕既往而自我貞定，失落感遂得以淡化矣。

4.悲　傷

不知道為什麼，我捫心自問，此生失落感不時有，但悲傷情緒卻很少出現，印象裏只有兒時走失小狗，那種悲從中來的心境到如今仍歷久彌新。雖然自己的悲傷情緒鮮見發作，但對別人的傷心情緒卻能夠感同身受，這或許正是人心相通之處吧！既然悲傷屬於情緒反應，它最常見的表現便是哭泣落淚，不過仍有程度之分；像有人呼天搶地，也見到暗自飲泣。俗話說「男兒有淚不輕彈」，我因為情緒不易泛上來，很難痛哭流涕，反倒是呵欠連連時淚流不止。對此我不免反思，為何有人動輒流淚，尤其是女性。我上通識生死課多次放日片「一公升的眼淚」，以示罕見疾病如何吞噬年輕的生命。有時在旁觀察，發現總有一些女生不斷拭淚，只能視為感情豐富的一群。其實根據心理學家研究，能夠通過哭泣落淚抒發悲傷情緒，至少比深埋心中來得合乎心理健康。

悲傷作為死亡體驗的一環，最佳譬喻正是「哀莫大於心死」。死亡其實是一個多元概念，根據我過去為講授生死學所提出的「生物—心理—社會—倫理—靈性一體五面向人學模式」來看，心智一旦喪失，同時也失去了社會人倫角色。依此觀之，現今最令人傷神的死亡體驗，可能就是有家屬陷入中風或不可逆昏迷以及失智等需要長期照護的悲慘情況。果真如此，死亡或許真的代表解脫。當然人之常情還是希望奇蹟會出現，但是當患者「生命品質」的科學指標已經不及格，又如何維繫家人的「生活品質」呢？俗話說「久病床頭無孝子」多少並非空言，如果子女無法善盡養生送死之責，就需要有社會力量接手。社會保險和福利的作用終究有限，最終還是得回到傳統八目的「齊家」功能。華人文

化原本以家庭爲重，後來受到西方現代化衝擊，家庭的範圍已限縮至極小。

　　今日所謂「小家庭」就是社會學所指的「核心家庭」，由父母子女兩代組成，其餘都算外人。像我婚前雖已就業多年，仍跟父母同住，直到結婚才搬出另外「成家」。臺灣幅員小且交通便利，即使離開原生家庭仍有機會經常互通有無，若在大陸恐怕就有一定難度。總之當西潮東漸及城市興起後，農業社會的家族制度勢必要面臨轉型，而傳統由此所生的孝道德行也需改弦更張。新生死學主張在新時代走向「儒道融通」，將道家順乎自然的豁達精神融入儒家慎終追遠的倫理規範中。喪親喪偶的傷心失落固然是眞實的情緒感受，但是若能學習佛家「**此念是煩惱，轉念即菩提**」的大智大慧，將傷心故事盡可能轉化成美感追憶，豈不是生活創意？送終和喪禮皆可作如是觀，亦即將濃得化不開的倫理習俗，簡化淨化爲清風明月般的美感體驗，效法蔡元培「**以美育代宗教**」以期海闊天空。

5.受　病

　　宗教不是不好而是不足，不足以滿足所有人的需求；因爲世間根本無所謂「宗教」，有的只是這個教或那個教。在臺灣的家庭或病房中，不時會出現某種荒謬的爭執，像長輩病危必須準備後事時，兩代或家人之間竟然會爲了要用何種宗教儀式起衝突。照常理判斷，理當尊重當事人信仰，但就是有可能爭執不下。像我參加過一回喪禮，先由基督教牧師追悼，再請法師及信衆助念，因爲當事人住院時領洗，子女卻多爲佛教徒，只好各取所需。說穿了臺灣不像西方社會信仰純一，而是多樣紛雜，其實更多人根本不信教。像我繼父和母親就交代千萬別用宗教那一套，喪禮越簡單越好，遺體回歸大自然，我當然樂於照辦。我自己也決定走簡約路線，實踐王充「**人死如燈滅，恰似湯潑雪；若問還魂轉，海底撈明月**」以及陶淵明「**縱浪大化中，不喜亦不懼；應盡便須盡，無復**

獨多慮」的大智大慧。

我教生死學通識課至今已歷四分之一世紀,對象為二十上下的大學生,他們有不少是抱著獵奇心理來聽課,希望我談論一些神鬼傳奇,而多半人都沒有死亡體驗。播放「一公升的眼淚」之所以賺人熱淚,是因為主角十四歲出現罕病症狀,病情一路惡化,二十一歲失能臥床,又過了四年多才辭世。因為角色年輕卻有此不幸遭遇,容易引起同齡學生感同身受。但是當我拿另一片「一路玩到掛」當體驗教材,講二老同病相憐,進而相濡以沫,逃離病房去環遊世界,回家不久便含笑而逝,大家就只視為正常死亡,電影也當喜劇看。年輕人沒有太多死亡體驗無可厚非,我也認為生死學既然有生與死兩端,大可分別指引人們安身立命和了生脫死之道。這需要因材施教,對大學生可多講如何安身,至於了生道理則希望他們學過後能夠影響父母,但說起來容易做起來難。

像我規定學生要寫遺書當作業,並詢問大家有無可能推己及人建議父母也交代後事,同學們多半避而不談。我知道這是吃力不討好的事情,因為有人反映自己告知要寫遺書當作業,卻被父母認為觸霉頭而挨罵。國人諱言死亡的心態一時恐難大幅改善,好在選課學生多半具有心理建設,表示不怕死才來上生死學。問他們怕什麼,主要是怕痛,尤其是生病。年輕人生的大多不是大病,一旦得大病恐怕不易好起來。當佛陀講「生老病死」之為苦,主要是看見入老所受的慢病之苦。因為老病纏身且不可逆才算真正苦痛,年輕時生點小病只是生活插曲而已。像我如今六十有七,這病那病此起彼落;一些本屬自己的死亡體驗,跟學生分享不免隔閡。但是讓大家略知一二,藉以觀察進而關心照顧父母的老病過程,就不全然算是身外之事了。這或許正是生死教育所創造的附加價值吧!

6.衰　老

受病有急慢之分,急病來得快也去得快,大抵就是一週時間。想起

大二結束剛放暑假，去打球流了一身汗，回家沖涼晚上就倒下發高燒，連續五天不見好轉，原來是得到流感。正在掙扎之際，突然得知前女友因病猝逝，驚嚇之餘，病情竟豁然痊癒。此番受病歷程埋葬了我的初戀，不啻為一回生命洗禮。當然事情純屬巧合，卻也印象歷久彌新。人生是單行道不歸路，即使有人相信來世轉生，也是另一段旅程，跟眼前當下不能混為一談。我曾以現世主義之姿寫下：「假如有來世，那便不是我；假如那是我，就不算來世。」此乃我的常識之見，信不信由人，卻構成我對生死學及生命教育的基本立場，而與古代「人死如燈滅」的智慧相互呼應。當我走到衰老受病之際，只期待人生好聚好散，千萬不要剪不斷理還亂。畢竟莊子就認為生命不過氣聚氣散，活得灑脫順其自然便好。

　　生死學由傅偉勳創立，他指出其乃以生命學和死亡學組合而成。死亡學係曾獲諾貝爾醫學獎的俄國生物學家麥辛尼考夫於1903年初倡，同時問世的還有老年學。至於生命學的提法，則首見於日本生命倫理學者森岡正博於1988年發表的論著。由於死亡禁忌到處充斥，死亡學問世半個世紀後才重新浮上檯面，不過至今仍多限於學校傳授；倒是老年學隨著高齡社會的到來而逐漸成為顯學，影響所及覆蓋社會各角落，甚至涉入各國衛生保健及社會福利政策。老年學較死亡學受重視和歡迎的道理很簡單，死亡終究只是一瞬間的事，死後也只能一了百了；但老年卻可能是一段刻骨銘心的漫長且不乏病痛歷程，活著時候可以清晰感受到。如今臺灣人的平均餘命已超過八十歲，十八歲起步學習生死學，通過對「向死而生、由死觀生、輕死重生」的瞭解，多少足以落實心理建設和精神武裝。

　　大家都應該記得孔子對於人生發展的階段性觀解：「吾十有五而志於學，三十而立，四十而不惑，五十而知天命，六十而耳順，七十而從心所欲不踰矩。」這一系描述或期待在今天看來仍有可取之處，且勿忘這是兩千五百多年前的提示：當時活至七十已屬古來稀，而孔子卻享年七十有二。值得一提的是，他發現一個人年屆七秩將得以從心所欲，尚

且能夠不脫序失格，這不啻是對老年的正面肯定與盼望。行年入老身形衰退多歸自然，但心智成長卻不無可能。想我於耳順之年提早從職場離退，選擇當自由業到處遊走，以演講、志工等活動自度度人，但真正擇善固執持之以恆的乃是生命書寫，至今七載已成書五種，眼前則是第六部。我手寫我心，雖人到頭來終不免一死，甚至之前還有可能失智，但把用心之所得記錄下來，就等於化剎那為永恆，也算是對衰老的抗爭。

二、死亡現象

1.自　殺

　　當年生死所初設，開授有「自殺學」一科，從字面看彷彿要教人如何自殺，其實真正要教的乃是自殺防治。這也是國內在上世紀末推動學校生命教育的初衷，因為當時有一樁資優女生殉情的「廖曼君事件」震撼社會，全國上下都亟思亡羊補牢的對策，積極推動生命教育遂成為選項之一。自殺防治工作既在於亡羊補牢，更重乎未雨綢繆；生命教育的目的固然是宣導防範自殺，探討成因同樣顯得迫切重要。我曾經想過用生死學為平臺對之作出貢獻，但它作為新興學科並未普遍受到學術共同體所認同，尤其人文背景跟科學銜接不易，只好暫時退回獨善的立場自我貞定。人文觀點自有其真知卓見，諾貝爾文學獎得主卡繆便說過：**「只有一個哲學問題是迫切的，那就是自殺；決定自己是否值得存活，比其他各種思辨問題都來得重要。」**這無疑是存在主義式思考，亦即要求慎思存在抉擇。

　　一般多認為選擇自殺就是不想活了，這肯定是對人生最悲觀的結論；但是著名悲觀主義者叔本華卻反對自殺，理由是留得青山在方能看清最終結果。這點更反映在後人觀點中，像尼采表示「受苦的人沒有悲

觀權利」，作家費茲傑羅則高呼「活得痛快便是最好的報復」。人生不如意者不見得十之八九，卻有十之五六或四五，總之憂喜參半，但不能老是看見差的那一半。佛家發現「此念是煩惱，轉念即菩提」，許多心理糾結都可以在轉念之下得到解決。記得大學時在系主任桌上看見兩行字：「忍片刻風平浪靜，退一步海闊天空」，至今記憶猶新，且始終受益匪淺。不過我心知肚明這多少跟自己的稟性氣質有關，我天生消極保守，習慣爲成事不足找理由，不抱大希望就沒有大失望甚至絕望，這或許就是我一路平庸活到今朝的原因，想來也無可奈何。

　　我教生死學，勢必會碰到自殺問題，只要當事人跟我沒有直接關聯，就把事情當作社會上一般的死亡現象看待。分判較主觀的死亡體驗和較客觀的死亡現象，並非評價輕重之意，純然就事論事，就像醫師不願爲自己親人動刀一樣，以免感情用事。作爲社會現象的自殺始終高居國人死亡原因前十名之內，可見防治的迫切與重要。不同於大多死因來自身體功能衰敗喪失，自殺在很高程度上屬於心因性；意念深藏於人心之內，有時防不勝防。但仔細區別，心因仍有內外之分。外因可能是困境或絕境，一旦減輕或轉變便降低風險；例如惡疾令人痛不欲生，但接受安寧療護或有機會改善。至於內因則牽涉到心路歷程，若是死命鑽牛角尖就不易回頭；尤其這又會受到外界感染，像看見自殺新聞而有樣學樣。就生死學及生命教育而論，助人建立適性的人生觀可謂必要途徑。

2.意　外

　　同屬死亡現象的意外喪生在媒體上不時可見，尤其是被行車記錄器拍攝下來的觸目驚心畫面，即使打上馬賽克，人們還是知道又失去了性命，不由得爲之慨嘆。而這就是我們所生活的世界，以及每天要過的日子。交通宣傳用語「快快樂樂出門，平平安安回家」，教給大家的正是居安思危的道理，學會就該盡量遠離禍源。記得有回我騎機車碰上塞車，投機心理作祟下竟想到沿著雙黃線前行，正在得意之際，猛然從側

面竄出一車將我撞倒在地，立刻滾到對面車道，好在當時無車，否則命不保矣。我想對方大概跟我一樣投機，一旦大家都不守規矩，就會形成危險源。經此教訓後我便盡量靠外騎，寧願多等一下也不要往裏頭鑽，太危險了。但這是可以躲過的一劫，像火車或飛機出事死傷慘重，可說就是「共業」，機率雖小，碰上就倒霉。

其實天災或生病又何嘗不是如此？在華人看來碰上即歸於「命」，但我認為需要「知命」卻不應「認命」，因為在「命定」之外還是有「運氣」可言。俗話說「命好不怕運來磨，命差則靠運來補」，這表示命與運可分別代表先天條件和後天努力。因為有人為努力的可能，人生才值得一活。說到這裏，大家可據此反推，從而發現「算命」之無稽。因為既然命中註定，算跟不算結果都一樣，那又何必多此一舉。我所建構的新生死學，多少反映出一些常識之見的可貴；就像算命和來世等說法，都屬於似是而非的積非成是，靠著基本常識就足以推翻。人生根本一點也不神祕，大可過得清風明月、海闊天空般簡單明瞭。此乃邏輯上所謂的「奧坎剃刀」，把其中不必要的假定統統清掃一空。這也是為什麼我堅持現世主義的理由，因為除此之外的假設都無關人生宏旨。

認同現世主義最好能夠進一步活在當下，少緬懷過去，也無需太寄望未來，因為我們永遠不知道未來究竟會是什麼樣。常聽人感慨說「計劃趕不上變化」，但這並不足以讓人們洩氣而聽天由命、隨緣流轉，此刻孔子的「盡人事，聽天命」大智大慧便是最佳指點。活在當下理當一步一腳印踏實地走著，同時記住規避風險遠離意外。俗話說「是福不是禍，是禍躲不過」，仔細想來卻是事後諸葛亮，比較上還是孔子的話有道理。回到一個現實的情況上來看，如果意外的死亡現象轉變成切身的死亡體驗，譬如有親友猝逝，我們該如何因應？悲傷失落在所難免，但是在逆境中還是可以通過關懷之心創造意義與價值，把喪禮設計成一種美感體驗，以從事真正的哀傷撫慰，而非只在於進行一些繁文縟節，這或許值得我們嘗試努力。「關懷」作為新生死學的核心價值，將是本書第參章的主題。

3.天　災

　　「新生死學」肯認人係「向死而生」，希望通過「由死觀生」的社會教化，讓有緣人體現「輕死重生」的大智大慧，從而得以「安身立命、了生脫死」。此等「大智教化」的核心價值乃是「生命」與「關懷」，其學問哲理則爲「後科學人文自然主義華人應用哲學」，以反映「文理並重、東西兼治；物我齊觀、天人合一」的教化理念和生命境界。以上表述呈現出我所倡議的新生死學正是七年來不斷深化的大智教化之具體內容，之所以再三書寫舖陳，是想從不同側面捕捉並展示自己思想的精華。在我看來，既有生死學已作爲官方生命教育的重要課題，而我所發展的新生死學則歸民間大智教化的基本關注。大智教化乃是學校生命教育的民間版、成人版、擴充版與升級版，它更適用於從十八歲到八十歲的成年人安身與了生之需求。

　　「安身立命」係禪宗語，可引申爲「安頓身心、樹立理想」，但這只屬於操之在我的主觀條件，另一部分則歸成之於天的外在形勢大環境。環境變化莫測，但終不外天道與人事二端，一旦出亂便演成天災人禍。以天災爲例，在臺灣最令人聞之色變的便屬颱風與地震；前者尚可部分預測防範未然，後者則突如其來天崩地裂。像「九二一」大地震發生的時刻，我因爲住在離震央南投較近的嘉義，感受到的力度只能用驚恐來形容。那年我正好在南華生死所任教，適逢開學第一天半夜，幸好是住在木造宿舍內，只見驚天動地的震動搖晃但並未釀災。第三天所上組隊去附近雲林斗六災區救援，在一處名爲「中山國寶」的樓塌現場蒐集災民失物。我們師生共待了三天，次日還是中秋節，在彷彿戰場的斷垣殘壁中收拾殘局，還要面對不時襲來的餘震而逃命，可謂一場駭人的生死洗禮。

　　一週後道路稍通，救援隊更深入重災區支援，那裏是離震央不遠的南投中寮「永平社區」，放眼看去更像戰地，因爲一條永平路兩旁連棟

的二樓磚房全部震垮只剩一層，毫無例外。此情此景令我大吃一驚，頓時憶起幾天前在斗六災區幾幢十二層大樓倒塌僅見五層，心想那七層罹難者早已壓作一團屍骨無存了。聽說永平路上人家皆住在二樓，於初震時逃至室外，但不久卻回到一樓守候，而於餘震時全家覆沒。天災自保基本原則「打雷勿待在空地，地震要逃往空地」，可惜當地居民完全忘記而化作冤魂。如果這算常識不足，那斗六人家於睡夢中瞬間作古，只能說是老天無眼所帶來的災禍。後者其實有部分算人禍，因為地方政府未能對建商偷工減料確實把關，被受災戶告上法庭，十一年後終得國賠近四億，但也挽不回四十三條人命。

4.戰　爭

　　香港在回歸二十二年後出現前所未有的社會動盪，導致大陸在鄰近的深圳集結練兵，以因應不時之需。武力介入雖不見得構成戰爭，但有可能擦槍走火，一次世界大戰就是歷史殷鑑。百年多前奧匈帝國皇子在海外遇刺，德國出兵恫嚇敵對勢力，以為不久就可鳴金收兵，不料竟然釀成大戰，一打四年多，令三千萬軍民喪命。值得一提的是，美國為支持盟邦派兵渡洋馳援，卻不幸把本土的禽流感變種病毒帶過去，其性質類似本世紀初的SARS以及最近的「新型冠狀病毒肺炎」（COVID-19），無人得免疫，於短時間內奪走全球五千萬性命，比戰爭還殘酷可怕。不過打仗還是如假包換的人間煉獄，吾輩有幸不曾遭逢，上一代卻大多難逃。像我父親年輕從軍碰上「南京大屠殺」，因化身為僧躲過一劫，老來現身說法以自傳《還俗記》告誡世人戰爭的可怖。我為推廣生命教育曾將之改編成電影劇本，惜無人投資而擱置。

　　戰爭所帶來的陰影有時會影響人的一生，傅偉勳便在代表作中提及兒時所見美軍轟炸臺灣的恐怖景象，令其終生怕死；也正因為想克服死亡恐懼，而於晚年罹癌後創立了生死學，用於自我療癒。至於我有意推廣生死學問和智慧，部分是因為跟傅老結緣，另外則源於神經質心性使

然。我沒有天災人禍或面臨戰火的創傷體驗，卻多少有些感同身受；尤其想到老父歷劫歸來才有我的誕生，飲水思源遂對各種生死流轉充滿好奇。而年輕時受到存在主義吸引選擇念哲學，思索生死大事之心一發不可收拾，乃有今日的信手拈來不吐不快。我倒不是在自我療癒，因為自覺無甚大礙，倒是小毛病不斷，令我必須隨時作出自我貞定，以免逸出常軌。老來懶散，一動不如一靜，只想循著日常軌跡閒賞安度，唯有寫作功課是例外。我手寫我心，一如寫日誌，樂在其中矣。

　　就在我坐在家中斗室爬格子的同時，地球上總有一些角落充滿戰事氣息，一觸即發。反思我出生於1953年，距離兩岸分治只有四載，卻大半輩子住在這座海島上，未聞戰火煙硝，頂多在電視上看見相關的死亡現象。雖說從未上戰場，年輕時卻的確看見過戰場走出來的人。1972年越戰方酣，暑假去臺中參加自強活動，住在清泉崗機場對面山上的軍營內學駕駛，每晚都會聽到美國軍機起降。一般都是空中加油機，但有回看見B52巨型轟炸機親臨，八座引擎震耳欲聾，嘆為觀止。另外就是在大雅街頭上看見來臺休假大兵尋芳取樂、醉生夢死，皮靴上還沾滿戰地的紅土。多年後觀賞到大師庫比力克名片「金甲部隊」，就會想起過去那一幕幕際遇。戰火雖在數千公里外，卻準時於晚間新聞中呈現，近年則進步到現場轉播。科技進步一日千里卻無法止戰，可嘆也！

5.疾　患

　　疾患原指生病的人，在此引申為流行病、慢性病、罕見病等等足以致命的社會上所見死亡體驗或現象。我將首章「死學」分為主觀「死亡體驗」和客觀「死亡現象」，以及西方「死亡知識」和本土「死亡智慧」四節，並非不二法門而是方便法門，方便看問題而已。想看清問題不宜一刀切，最好視為一道光譜漸層發展；例如我身受慢性病侵襲，也關注傳染病流行，主客觀點連續而非分割。說起傳染病，印象猶新無疑是發生於2019年末的新冠肺炎，在本書付梓前於全球蔓延三個多月，

導致十二萬人確診，五千人死亡。雖不似一戰期間的大流感造成五千萬人罹難，但疫情並未停止，反而出現全球大流行。回顧現代醫學的形成和進步，已克服不少致命傳染病。然而疾病也會自己找出路，像當年SARS及眼前COVID-19，一開始皆無人免疫，存活與否就看演化機制下的適者生存了。

人會生病自古皆然，如今不會生病的大概只有機器人；但機器仍會折舊，人生病的道理也差不多。生病痊癒不盡然是靠醫師診療，主要還是來自本身免疫力；像愛滋病毒破壞免疫性，患者就會死於各種感染。罹病造成死亡現象，人們要做的正是「預防勝於治療」。預防除了消極不染病外，更應積極養生抗病，例如多運動。道理人人都懂，只是做起來眼高手低、一曝十寒。像我長期有血壓血糖二高，雖靠吃藥加以控制，但終究還是難以創造積極改善的附加價值，只能得過且過。我有一位醫師朋友，年輕時習武強身，但老來卻益形衰退，甚至影響行醫。看見他的遭遇，讓我認清醫師也是人而非神。他們的專業足以助人，但自助則需加把勁；新生死學正好相反，係以貞定人生的心理建設先自助再助人，或可視為一套適用於華人的哲學應用。

古人生病多在家療養，同時請大夫到府診治；如今則小病大病都得跑診所醫院，如此一來不但醫療專業化，連人也不免醫療化了。在臺灣幾乎人人都能享受健康保險所帶來的福祉和方便，或許正因為看病太便利，反而造成醫療資源的浪費，讓二代健保不得不嚴格把關。健保主要用在醫療機構，也就是人們心目中的醫院。國內醫療機構分為五級，最高級別的醫學中心經常人滿為患，多少反映出患者習慣往大醫院跑，寧願多花錢買安心。但這或許屬於某種迷思，因為看診人數太多，不免影響診療品質，至少小毛病應少上大醫院。退休後我為了體驗生死，去到一家大型醫學中心擔任志工，共服務二十個月，最後三個月且到安寧病房實習。我待的時間不長，不能說看盡生死，但近距離第一線觀察組織運作及醫病關係，也算替作為生死教師的自己上了寶貴一課。

6.凶　殺

　　從某個角度看，凶殺可視為人的動物本性之發作，戰爭則算得上集體行凶殺人，丟原子彈以暴制暴更屬極端，而這一切都充滿了仇恨。這令我想起一段陳年往事，有回早晨看新聞報導臺大旁邊小巷內前夜發生情殺案，一名男生將汽油灑向前女友再引火點燃，令她滾地痛苦而死，站在不遠處的現任男友想上前搶救已來不及，一場三角戀愛竟以極其殘酷的結局收場，引人慨嘆。我那天剛好跟同學約了在附近吃飯，出來壓不住好奇心去到凶殺現場一探，只見女生的衣物和皮肉殘留仍貼在地面，令人不忍卒睹。殺人者後來被判無期徒刑，其家人在社會一陣撻伐下也只好埋名隱姓遷地為良。男生當下的恨意上心頭，惡從膽邊生，一個點火動作造成兩個家庭破碎，必須在牢裏懺悔一輩子，退一步想，值得嗎？人雖號稱萬物之靈，卻是唯一會蓄意殺害同類的物種，看來也不見得真的靈。

　　說蓄意是因為只有人懂得盤算，動物偶見也會殺同類，但那是遺傳基因使然，總體目的仍在傳宗接代。唯有人類演化出高等文化，讓心機無遠弗屆；往好處看可以不斷生成知識改善社會，往壞處看則見軍武競賽令全球陷入風險。那些雖然是宏觀的心機盤算，其本質卻跟微觀的凶殺案件類似，也就是對不滿的人或事欲去之而後快，以滿足自己的擁有欲。這種欲望有時是以國家的意志遂行，像二戰軸心國妄想瓜分全球資源，如今美國仍以全球霸主自居不讓別人出頭也是同樣心理。在個人層面，名、利、權、色等誘因，在在可能喪失理智強行奪取，將礙事的人除掉便出現凶殺。這是社會常見的死亡現象，即使躍登報端，也僅引來人們慨嘆而已。但是為什麼事情層出不窮？問題在於生命教育和情緒管理不到位。要改善現狀只有從心理建設著手，令世人瞭解退一步想的可能。

　　根據邏輯分析，愛的相對不是恨，而是不愛；不愛包括討厭、輕

視、疏遠等等，恨意只是最極端的一種，屬於「兩極化思考」的偏差產物。兩極化思考指的就是凡事走極端，想不到還有中間項的可能。以自殺為例，自殺其實也算是凶殺，只是對象為自己。記得曾讀到一名早熟女作家的詩集，她才十八歲讀哲學系大一，書的扉頁上寫道「人生不是完美便是零」，意思是不能達到十全十美，只好選擇一無所有，你說在這種思維指示下，她能不自我了斷嗎？果然不久就聽到她投海輕生的消息，令人不勝唏噓。像前面提到的情殺凶手，八成也是兩極化思考下的犧牲者。女友移情別戀，不願寄上祝福，咒罵幾聲另謀他棲不就是了，何苦糾纏至玉石俱焚，讓自己下半輩子蹲苦牢終生思過。當然凶殺還有各種情形構成新聞版面，而每樁可怕的死亡個案，都足以作為生命教育的鮮活教材。

 ## 三、死亡知識

1.死　亡

　　本章主要談死，討論過主觀的死亡體驗與客觀的死亡現象後，接下去要進入西方的死亡知識和本土的死亡智慧；這些區分並非必然，而屬行文的方便法門。既然言及死亡知識，最好是有一足以對照的學科或學群，西方的「死亡學」正符合所需。傅偉勳認為死亡學就是「死亡與死過程研究」，他並以後者為名在美國天普大學開課達十年之久。不過我在本書中將死亡學放大解讀為「死學」，但這只涉及譯名，並不影響就死論死的宏旨。由於死亡學創始於一百多年前，且相當傾向於科學研究，而當時對死亡的科學探討，在今天看來已不甚到位。因此傅偉勳重擬了一套死亡研究基本內容，值得參考。他發現：「死亡問題及其探討的複雜性與無共識性，……死亡問題的精神超克……完全屬於存在主義

所云『實存的抉擇』之事，絕非他人所能代為解決。」

　　根據我所建構的「生物—心理—社會—倫理—靈性一體五面向人學模式」來分析傅偉勳所提出的死亡學研究課題，大致可分為「生物—心理—倫理」、「社會」以及「靈性」三層次。其中「生物—心理—倫理」層面的課題包括他所指「醫療中的絕症與死亡；對自殺、墮胎、安樂死、死刑等現象生命倫理考量；末期患者和家屬還有兒童的心理健康與治療」等。必須說明的是，當年死亡學是由生物學家所創，如今將之改革創新，卻主要放在人文與宗教的脈絡中表述，而這正是死亡學在西方長期被漠視的原因，因為外行人多以為它屬於宗教教誨而予忽視。像我曾碰過專科醫師對生死學深表不屑，甚至認為人文學者根本沒有資格談生論死。這當然是專業偏見，但也是人文社會領域在面對人的生死問題被大幅醫療化之後的窘境，看來也只有多尋求跨界對話溝通的可能了。

　　如傅老所言，死亡學的「社會」層面課題至少包括「衛生保障和社會福利的資源分配；不同民族文化以及歷史演變下的死亡現象和態度；涉及大規模的天災人禍等集體死亡」等，而「靈性」層面則不外「宗教信仰和文學藝術作品所帶來的美感體驗」。對於後者我認同並主張蔡元培的「以美育代宗教論」，但並非拒斥宗教，而是提倡將各人的信仰活動轉化為美感體驗。當然這會牽涉到不同民族文化社會中宗教信仰的深淺，華人尤其是漢人被視為「沒有宗教信仰的民族」，這是因為儒家式倫理道德內化太深的緣故。為避免二者同樣濃得化不開，我建議走向一條「儒道融通」的途徑，將慎終追遠的繁文縟節，簡化淨化為反璞歸真的回歸自然。這種簡化與淨化的用心，同樣可施之於資源分配上；通過「大處著眼、小處著手」原則，使之產生「執中道而行，無過與不及」的效果。

2.教　育

　　新生死學將「教育」與「教化」分開來看，希望創造一種相輔相成、相得益彰的附加價值。我視前者爲制式活動，後者則隨緣流轉，但並非一刀切，而是相互融滲。制式教育可以體現隨緣教化的精神，而社會及自我教化同樣能夠藉由學校體制多所發揮。西方社會從死亡學的問世到死亡教育的推廣，足足走了半個世紀；一來當然是因爲死亡禁忌，二來也反映出人們的認知偏差，將之誤認爲宗教教誨。各門宗教信仰無不對人的生前死後提出看法，死學可對此引介、討論但不應盡信。何況各式信仰相當多元，莫衷一是，不可能形成共識，只會各說各話。往深一層看，各宗教門派其實至少有一個不約而同的默契，那便是相信有生前死後之種種。與之不同調的即是現世主義，主張人死如燈滅，講究生前死後之事率皆虛妄。我認爲討論對話仍具美學效果，但太認眞反而不美。

　　全方位的死亡教育大約興起於上世紀五零年代的美國，主要由心理學及社會學等社會科學領域的基本學科所帶動，而這些正是作爲中游學科的教育學之上游基礎。之所以演生出此一新興教育方向，是因爲社科學者發現死亡現象乃屬人類社會的組構成分之一，卻在學術研究上幾乎呈現一片空白，而事實上死亡學早在世紀初便已應運而生。爲亡羊補牢，美國學界首先在大學開授死亡教育相關課程，至六零、七零年代逐漸向下紮根至中小學，從此蔚爲風氣，也促進了學術研究的多元發展。但是值得注意的是，死亡課題雖然在社科領域發展較遲，卻是人文領域歷久不衰的關注，歷史上有著太多的哲學家、文學家、藝術家對此作出貢獻。上世紀源於歐陸的存在主義思潮便是一例，尤其是海德格拈出人乃「向死存有」，活著則是「向死而生」，對貪生怕死的人頗有振聾啓聵的棒喝效果。

　　由於後來的西方死亡學及死亡教育一直圍繞著社科領域而發，頂多

涉入生命及健康科學，卻較少跟人文領域和宗教團體對話，予人重科技而輕人文之感，這跟華人生死學以人文關懷為核心的傾向大異其趣。無獨有偶的是，在西方作為死亡現象重要內容的殯葬活動，其專業知識的發展同樣重科技而輕人文，甚至將此一助人專業打造成「殯葬科學」，以培養遺體處理為主的「殯葬指導師」。相形之下，臺灣在這方面所設計的專業職位則是「喪禮服務技術士」和「禮儀師」，培養專業人才的科系更以「生命關懷事業」或「生命事業管理」為名，盡量避免使用「殯葬」字眼，多少是受到無所不在的死亡禁忌影響。諱言死亡就很難推廣「死亡教育」，傅偉勳便根據「生死是一體兩面」的看法發明了生死學，並順此推行「生死教育」。不過其中仍帶有「死」字，遂讓「生命教育」一辭佔了上風。

3.生　死

　　生命教育在臺灣已完全取代傳統德育，德育就是倫理道德教育，可以包含生死課題在內，但其整個範圍則大得多。事實上，從2004年高中生命教育課綱草案出爐，到2019年另行實施新課綱之間，「生命教育類」課程共規劃選修八科十六學分，除一科概論課外，其餘七科有四科歸倫理學及人生哲學，另三科分屬心理學、宗教學和生死學，「生死關懷」仍佔生命教育的八分之一。現行新課綱雖為必修一學分，但生死關懷卻被壓縮至「終極關懷」的核心素養中，便難以就事論事了。我自1997年便涉足並推動學校生命教育，幾乎跟生死學平行發展；尤有甚者，我自認長期都在從事「**生死教育取向的生命教育**」，近年更將之擴充提昇為「大智教化」，用以「自度度人安身立命了生脫死」。此一生命學問的大方向，在本書中則表述為「新生死學」，以示對講授此課四分之一世紀的自我超越。

　　相對於我目前正在建構的「新生死學」，傅偉勳於1993年著書立說所提出的乃是「現代生死學」，在其中他將個體生命區分出十大層面，

包括「身體活動、心理活動、政治社會、歷史文化、知性探索、審美經驗、人倫道德、實存主體、終極關懷、終極眞實」十項。仔細觀之，十大層面多少可以跟我所構思的「一體五面向人學模式」對照地看，只不過他把我心目中的靈性面向分化得更細緻。到頭來他作出了指示性的結論：「實存主體對於死亡問題的探索超克，乃是有關宗教性或高度精神性的終極關懷課題，而此課題的解決，有待終極眞實的發現、領悟或體認。這三個層面與宗教最有關聯，從宗教的獨特觀點去探討死亡問題及超克，最適當不過。」對此我基本同意，但不寄望於所有許諾生前死後的既有宗教，而是另外打造一門相信「人死如燈滅」現世主義的「大智教」或「人生教」。

「大智教」或「人生教」教人以活在現世的安身與了生之道，完全不用考慮生前死後之種種。對此我已於2019年出版十五萬字專書《新生命教育——華人應用哲學取向》多方闡述，在其中大智教的信衆就是實存主體，其終極關懷即爲安身與了生之道，至於終極眞實的「道」，可類比於道家對「人法地、地法天、天法道、道法自然」的一系知行途徑。說穿了大智教所採取的正是「東西兼治、儒道融通」的進路，它作爲擬似宗教的宇宙與人生哲學，完整表述爲「後科學人文自然主義華人應用哲學」，簡稱爲「天然論義理學」或「天然哲」。一旦以素樸的自然主義爲核心價值，就不必去設想任何生前死後的假設；「人死如燈滅，存在即自知」，簡單明瞭，毫無懸念。我的這一套其實接近傅老生死學之中生命學那部分，強調「心性體認」，而他對此正是以道家和禪宗思想爲代表。

4.教 化

一如生死學是生命教育的一環，我所建構的新生死學也可歸於大智教化，此乃生命教育的擴充版與升級版。教化的範圍比教育大，後者多爲體制內活動，需要照表操課；前者則可見機行事，隨緣流轉，更自

由也更開放。大智教化主要教人以安身與了生之道，覆蓋生活和生死議題，遂與歷史社會文化條件因素息息相關，大可不必放諸四海皆準，而是要走向本土化及在地化。在地與本土的性質和範圍也不同，本土以民族歷史文化爲標竿，在地則多指一時一地之現況；例如臺澎金馬目前與中土分治，但其中漢民族的生活型態仍以中華文化爲準繩。依此觀之，新生死學所要推廣的大智教化，主要對焦於華人社會的生死關注；其中即使有受到西方文化的影響，但仍以中華本土文化爲核心價值與依歸，此乃不忘本的表現，必須擇善固執，銘記在心。

　　大智教化教什麼？教的是古今中外聖賢才智對於安身立命與了生脫死所提出的大智大慧之精華。此說或許不切實際，因此宣揚傳佈「大智教」就必須先劃地自限，意即引介一套「後科學、非宗教、安生死」的華人應用哲理，這便是「新生死學」。過去不管是推廣「現代生死學」的傅偉勳，或是傳播「當代生死學」的呂應鐘，多少都對宗教信仰或超自然觀有所認同，於我則屬不同道。我涉足「在不疑處有疑」的「愛智之學」已超過半世紀，花甲耳順之後逐漸醞釀出屬於自家本事的宇宙與人生哲理思想，此即「天然論義理學」。身處後現代情境，我認同其中「質疑主流、正視另類；肯定多元、尊重差異」的時代精神，對不同之道少批判多包容，或如傅老所言，「對於有關（創世、天啓、彼岸、鬼神，死後生命或靈魂之類）超自然或超越性的宗教問題無甚興趣，頂多存而不論而已。」

　　大智教化的核心價值正是「東西兼治、儒道融通」下的「後科學人文自然主義」，新生死學的建構當作如是觀。這其中所體現的儒道二家生死觀，傅偉勳有著很好的理解：「儒家的生死觀完全排除個體不朽這一點，充分反映儒家型人物的『硬心腸』，有別於講求個體不朽的一般宗教的『軟心腸』。……道家的生死觀並不假定天與天命之類的宗教超越性源頭，而是基於自然無爲的天道或天地之道。」心腸軟硬的區分來自美國心理學家威廉詹姆士，據此以判斷宗教信仰的有無。我認同宗教論述中所體現的各種大智大慧，但是對於信眾的軟心腸被教團驅使所呈

現出來的溫情主義儀式化行徑深感疏離及不耐。此般行徑並非不妥而是不足，因其極端排外，亦即黨同伐異。蔡元培正是見到宗教團體的排他性甚至會引發戰爭，甚感不足取，方才提出深具慧見的「以美育代宗教論」。

5.專　業

作為西方死亡學所承載的死亡知識，雖然也有超過一個世紀的歷史積累，但最終仍主要著力於推動死亡教育與輔導，其所涉及的專業活動，與其說是死亡相關事務，不如說是制度化的教育或諮商專業。及至後來發展出華人的生死學，雖然覆蓋面擴大，涉及專業較多，但仍不足以生成本身的專業。因為「專業」勢必要「專業化」，也就是自立門戶且擁有排他性，例如醫師或律師都必須考授證書甚至有執業執照，無照執業則犯法要吃官司。過去我在空中大學講授「生死學」曾撰有教科書，將生死學實務面分列四大專業：「生死教育、生死輔導、生死關懷、生死管理」，與之對照的活動為「死亡教育、悲傷輔導、臨終關懷、殯葬管理」，但這些都歸於各行各業，皆有相對應的證書執照。由此可見，死亡或生死只不過作為議論課題在探究，一旦踏入實踐面就必須落實於相關專業操作上。

生死學需要將本身轉化發展出一門專業嗎？我的看法雖傾向保守，但事情仍可能出現意外，興起於上世紀八零年代歐洲的「哲學諮商」便是一例。哲學諮商的應運而生，多少是受到心理諮商的流行與不足之影響。西方輔導諮商專業興起於二戰之後，部分原因是針對美國退伍軍人從戰場上所帶回的心理創傷進行撫平工作；其後經濟高速發展，跟不上腳步的人也會出現心理障礙需要克服。回顧歷史，諮商工作的來源其實是基督宗教神職人員牧靈活動的一部分，像天主教友尋求神父「告解」便是一例。從宗教撫慰發展成收費服務，輔導諮商被定位為「助人專業」，其學理基礎來自應用心理學，但這非純屬心理學的應用。由於諮

商人員的執業信念不同，實務技術也趨於多元，不但莫衷一是，更可能互不相容，像源於行為主義的諮商技術，就跟精神分析或人本學派大異其趣。

心理學同時具有自然科學和社會科學的性質，雖然它於1879年脫離哲學自立門戶，但到如今沒有人會視其為人文學科。既然列為科學學科，就需要盡可能追求異中求同的「學科典範」。然而以心理學和輔導學二者而言，前者至少呈現「四大勢力」並存局面，後者甚至產生十餘種指導技術操作的思想，被無奈地稱作「輔導理論的叢林」。輔導專業固然無需定於一尊，但是內部理念都有可能衝突，其服務案主或當事人的成效終不免有限，也反映出其專業性不足之處。既然如此，哲學諮商的應運而生也就不足為奇。它也模仿心理諮商設立專業證照，從而建立其合法與正當性。新興的哲學諮商因為比較資淺，尚未出現執業者各立山頭的局面，大多以輔導當事人建立適於自己的「世界觀」與「人生觀」為目的。對照於應用哲學旗下的哲學諮商，生死學走向發展本身專業實務並非不可能。

6.通　識

將生死學打造成一門助人專業服務還有很長的路要走，但是作為通識課程普及推廣生死智慧卻是潛能無限。一如西方死亡教育先從大學著手，臺灣的生死教育也多以大專通識課起步；因為要跟中學以下學生直接談生論死，不但有實際困難，還會引起家長反彈。大專通識課是與專門或專業課相對的素養課程，主要目的是避免讓學生成為見樹不見林的「一曲之士」。為達此目的，通識課最初的選課原則乃是盡量跟自己專攻領域區隔，例如文科生選自然及社會類課程，理工科則選人文社會課程等。但臺灣上百所大專院校多各有所偏，要能面面俱顧著實不易，往往流於因人設課，學生也樂得各取所需，從而漸失通識教育的初衷。不過值得慶幸的是，根據調查，國內有半數以上大專開設生死相關課程，

且頗受歡迎而歷久不衰；像我前後任教四分之一世紀，至今仍班班客
滿。

　　一般而言，大學生多少已算是成年人，一旦學成便可成家立業。
但由於同學只有二十上下，距離國人平均餘命八十，還有長達一甲子的
落差。對之講授安身立命之道尚稱適切，若盡談些死亡議題以助其了生
脫死，恐怕一時還搔不著癢處。這時同學多以獵奇心態聽些新鮮故事而
已，大家最關心的還是學業成績。對此我一向慈悲為懷，畢竟這類課
程主要涉及人們的情意感受，知識學習倒在其次。我所要求的情意體驗
具體落實為撰寫遺書當作業，以虛擬手法想像一旦不久於人世該當如何
交代。遺書大致分為「財產分配、後事料理、家人照顧、告別親友」四
項，我比較看重後三項，尤其是對遺體處理的指示。妙的是有不少學生
慎重寫下要將遺體火化成灰拋撒於大海中，也就是政府目前正在積極推
廣的「海葬」。多年下來平均大約六成同學有此心願，值得欣慰。

　　學生繳交的遺書不予發還，但告知將保存數年，以備不時之需。
這麼說並非觸人霉頭，而是強調活著應該居安思危、未雨綢繆，以免亡
羊補牢、後悔莫及。我建議同學將遺書影印留存，待日後加以修訂，相
信終有一天派上用場。二十上下的大學生，教他們四十、六十各修訂一
回，六五入老後則每五年更新。這並非多此一舉，而是學習不斷檢視自
己的人生發展，以達到通識課程設計的初衷。對此我還有另一要求，那
便是希望年輕人去觀察記錄自己的長輩言行；主要是與父母相處時，試
探性地討論生死議題，看看他們有何反應。大學生的父母年約半百，更
上一代則近七、八十，都是可以參照的學習對象。死亡知識不止為書本
教材，更是生命學問，這就需要我所強調的情意感受之涉入。多年教下
來，發現學生體驗閱歷雖然不足，但純真的情意卻十分豐沛有待開發。

四、死亡智慧

1.存　在

　　西方死亡學依傍科學而生，於人的生老病死之處置多少具有實用價值，但若要助人安身與了生，就必須走進哲學的人文領域，通過「愛好智慧」的進路，真正達於大智大慧之境。雖然現代科學幾乎全為西方產物，但是自古迄今哲學的人文與自然智慧，卻必須東西兼顧，無所偏廢。新生死學一如新生命教育本於華人應用哲學取向而建構，可視為西方死亡學和現代生死學的多元擴充；不求學術上的深度，而以宣揚上的廣度為重。在這方面我是英國科學哲學家波普的信徒，碩、博士論文皆以其為研究對象；在他眾多思想中，我最欣賞也最受用的便是「常識實在論」。我的博士論文以《宇宙與人生──巴柏的存在哲學》為題，巴柏即是波普，我當時採用的是三十多年前的譯名。其「存在」思想主要是為了反對「本質」，恰與存在主義的「存在先於本質」命題相呼應，可謂殊途同歸。

　　我選擇念哲學是高中時代受到流行的存在主義思潮影響所作出的「存在抉擇」，尤其是聞及哲學家提出「我思故我在」、「存在先於本質」等命題所綻放的智慧光芒，更令我心生嚮往。「我思故我在」是十七世紀法國哲學家笛卡兒的偉大見解，我在大三時花了一學期修課，就是為瞭解讀這句話。「存在先於本質」則是二十世紀法國哲學家沙特的慧見，他表示自己受到笛卡兒影響，而其「存在」只限於人的特別用法則源自丹麥哲學家齊克果。齊克果是一位早逝的天才，他花了大半輩子苦心焦思「人之所以為人」的「存在」奧義。此處所指「存在」不同於其他各種事物的存在，而是通過反思與行動，去自我貞定為一個真正

的人之過程與狀態。用最簡單的話說，就是「面對『個體』在『時間』之流中不斷『變化』而走向『死亡』的情況下，選擇如何『過滿』與『過好』」，此即「存在抉擇」。

　　齊克果的先知卓見先被一些德國哲學家如雅斯培、海德格所正視與重視，再傳到沙特身上發揚光大。「存在」與「本質」乃是西方傳統哲學中一組相對的概念，前者大致指向人的感官經驗足以把握到的一些外在現象與事物，後者則認為這些現象事物之所以存在其來有自必須由果溯因。事物的因果關係在科學家看來仍只限於現象界，哲學家卻獨具慧眼認為必須找出現象背後的本質或本體究竟為何，本體論成為哲學的核心價值並非偶然。沙特和波普並不像一些唯物論者全然反對此點，存在主義只是把人的存在特別挑出來賦予自決性，以示「命運操之在我」。常識實在論同樣反對本質的決定性，而強調人生的開放足以自由揮灑。值得深思的是，齊克果是作為虔誠基督徒而思考人的存在意義，沙特和波普則以無神之姿，拒斥各種超自然力量或決定並宰制人的本質，死亡智慧遂由衷而生。

2.向　死

　　雖然當事人自己不承認但被學界劃入存在主義陣營內的海德格，至今影響仍舉足輕重、歷久彌新。他在代表作《存有與時間》中提出人乃「向死存有」、人生實為「向死而生」的大智慧見，為新生死學的建構帶來莫大啟發。標幟「存在主義是一種人文主義」的沙特亦撰有《存有與虛無》一書，他表示效法海德格並向其致敬。為建構新生死學我首先建構出一套「生死哲學」，即以「**向死而生本體論、由死觀生認識論、輕死重生價值論**」為內涵，順此衍發出方方面面的外延。「向死而生」之說概括了齊克果的「**個體、時間、變化、死亡**」生路歷程，對貪生怕死甚至否定死亡的人，不啻為一記當頭棒喝。一般人多認為「生是過程、死為終點」，海德格卻看出「生是起點、死為過程」；既然我們每

天都在「死一點」，則一方面就不必太怕死，另一方面也必須時時珍惜生。

　　「向死而生」乃是人生的虛無本質，但是通過「由死觀生」的智慧之見，遂足以貞定「輕死重生」的存在基調。死不足惜，有沒有如實地活著才是重點；渾渾噩噩地媚俗度日，就等於雖生猶死地虛擲性命。不過我說這話只對有緣人有意義，而世上各色人等都有，生命情調相異者比比皆是。猶記大四那年中秋節跟一群社團同學外出賞月，聊起哲學竟然扯個通宵，大清早一名商科女生打著呵欠說道：「聽你們一晚上談玄說理，到底值多少商機？」多年後她移居美國開麻將館為生，聞之想起舊事不免莞爾。生命學問不像電腦知識人人必備否則窒礙難行，但卻足以豐富人的身心，從而自我評價此生是否值得一活。一般喪葬儀式都會對亡者追思恭維，但是真正「蓋棺論定」的內容還是要看其生前表現。「輕死重生」的真諦即在於能夠樂活善終，且無後顧之憂。

　　近年來我逐漸建構出一套完整的「大智教化」論述，並以反諷之姿嘗試打造「大智教」，用以度化有緣人。但是當我宣揚了一陣竟發現一個信眾也沒有，只能啞然失笑，並重新評估日後傳教的方式。歷史上不乏有人出現「靈動」進而立宗設教，若無人相信則歸徒然，真有人信則可能改朝換代，洪秀全的「太平天國」便是一例。我倒無此政治野心，只是期待以文會友，善結有緣人，自度度人以死亡智慧或生死智慧。諱言死亡改以生死之說，其實無形中放大了認知意義，增加了選擇空間。認真想來，生與死好似一線牽，二者不過一體之兩面或一線之兩端，拆開來看乃是方便法門而非不二法門。世上沒有不生的死，至今也未見不死的生；眼前八十寒暑的平均餘命，到頭來不過想圖個好死善終。所以我經常跟學生講，人死不可怕，不死才可怕，不死之生首先不能老病，否則就是活受罪。

3.現　世

　　新生死學與新生命教育認同並堅持現世主義，遂與所有宗教信仰
劃清界線；這種跟既有宗教唱反調的立場，在西方社會有個歷史悠久的
傳統，那便是「人本主義」。「人本」主張以人爲本，從而反對「神
本」，這點在東方中土可爲多慮；因爲中華文化之內根本不存在必須去
反對的「唯一眞神」，此乃基督宗教影響下西方文化的產物，伊斯蘭
教信仰下的近中東文化亦類似。我始終強調，宗教信仰不是不好而是不
足；一旦堅信眼中便會出現異端，還是什麼都不信來得有容乃大、海闊
天空。我所提倡宣揚的反諷式「大智教」，信的正是「不信教的大智
慧」，其範圍較人本主義爲大，具體表述爲「後科學人文自然主義」。
人文主義就是人本主義，它可根據東西方不同的語境脈絡而倡議，其在
東方的代表思想爲儒家；但儒家在中土並非獨大，崇尚自然的道家思想
同樣影響深遠。

　　現世主義只看當下此生，不論生前死後之種種可能，傅偉勳對此
深有體會：「佛教除外的中國思想文化傳統，並不具有強烈的宗教超越
性這個事實，在儒道二家的生死觀有其格外明顯的反映。……孔子站在
『人能弘道，非道弘人』的人本主義立場，對具有宗教超越性的『天』
不作思辨推測……。相比之下，莊子能以超凡的生死智慧，克服原有命
定論傾向的無可奈何、悲愴淒涼之感，而爲道家傳統建立了具有深奧哲
理的生死學規模……。」當然深具宗教感的傅老還是主張儒家有「宗教
性」：「已受新儒家哲學影響很深的現代中國學者，動輒過度強調『儒
家是哲學，不是宗教』，而忽略整個儒家思想的原初宗教超越性源頭
（天命）之故。」但是當西方宗教學標幟出宗教五大條件爲「教主、教
義、經典、儀式、皈依」之後，符合這些條件的只有佛教和道教，至於
道家則完全不是道教。

　　身爲哲學學者，傅偉勳希望結合宗教的用心良苦，後人應當予以

肯定。他曾表示：「在中國的儒道二家，哲學與宗教的分際並不顯明。
我們不妨就哲學與宗教融成一片的一點，暫且規定足以分別代表中國
人的生死觀的儒道二家，爲志在建立具有高度哲理性的生死智慧的一種
『哲學的宗教』或『智慧的宗教』……。」順此看法，我樂於提出「儒
道融通」下的「大智教化」途徑，用以自度度人安身與了生。我所以跟
任何宗教系統劃清界線，是因爲發現它們毫無例外地都會對人生前死後
提出許諾，而這正是馬克思眼中的信仰鴉片毒藥。例如佛教就許諾三世
因果及輪迴業報，但傅老看清：「莊子不談業報，不會承認六道輪迴之
説……。莊子的物化或化機徹頭徹尾祇是自然必然的循環無端，宇宙
一切出入於『化』，如此而已，毫無超越『道法自然』的人爲價值判
斷。」誠哉斯言。

4.交　代

　　以心腸的軟硬來區別宗教信仰的有無，我反思自己很有宗教感，
但個性使然不願信教，因爲不想加入教團。我始終強調：「宗教和信仰
是兩件事；宗教爲團體活動，信仰屬個人抉擇，個人可以選擇信任何宗
教，更足以堅持不信教。」個性上我傾向自了漢，無求於人亦不願爲人
所求，不願管人更不喜被人管，人生觀近道家而遠儒家。此一稟性氣
質令我對任何宗教團體及活動無不敬而遠之，以避免身心被教團中人所
「薰習」和宰制。教團跟政黨類似，屬於一個個小圈圈中圈圈大圈圈，
性質上難免黨同伐異，容不得刺耳的雜音跟礙眼的異行。現代生活在工
商業社會裏，受到組織束縛只能說人在江湖身不由己，畢竟還要混口飯
吃。但是一頭栽進教團「歡喜做，甘願受」，有人法喜充滿，之於我便
覺渾身不自在，遂敬而遠之且去之後快，基督徒林語堂堅持不上教堂的
理由正是如此。
　　新生死學與新生命教育宣揚安身與了生之道，主要是爲華人社會
中大多數沒有宗教信仰的人而準備。在華人社會尤其是漢民族的生活圈

內，不信教不表示沒有靈性修養及活動，內化於身心的儒道融通言行便是例證。像我的繼父和母親留下遺言，分別為捐贈大體與骨灰撒海，而且特別交代勿舉辦任何宗教儀式，因為不相應。平心而論，各式各樣的宗教活動只要未成繁文縟節且不會宰制人心，大可看作美感體驗隨緣參與，隨喜護持亦無不妥，但切忌不宜視為必然。在這點上連傳統儒家道德規範同樣可能流於宰制身心，以致魯迅要說出「禮教吃人」的重話；但他又留有「中國根柢全在道教」之說，表示民俗信仰的力量同樣深入人心。民俗不是教團，足以隨緣流轉，出入自如。既然民俗流行，大可借題發揮，將大智教化的自然嚮往嫁接於其上，或能打造出更為平易近人的生死關懷。

死亡智慧是否得以彰顯，最佳印證之處便在於交代後事；一個人如果到了大去之際還不懂得放下捨得，就難免顯得不智了。「放下」包括許多方面，財產分配固不必說，一身臭皮囊該當如何處置才是重點。我一向以「思者醒客、智者逸人」自居，古人說「智者樂水」，我遂歡喜交代海葬，清潔溜溜。尤有甚者，更應該學習的乃是奇美集團老闆許文龍的「五不」：「**不治喪、不豎靈、不設牌、不立碑、不佔地**」，尤其是不治喪。治喪在我看來只不過消費亡者以做給活人看，兼為社交活動，於我的自了漢性格則大可不必。倘若為了要從事遺體火化必須進殯儀館，我可以接受的底線是聯合奠祭，等待官樣文章結束後立即送去火化，絕不接受之後的宗教儀式繁文縟節。像我母親便排在早上第一臺，費時約兩小時；後面的可能拖到下午，不免折騰。

5.道　別

我不是無情無感之人，只是認為情感表達可以像清風明月一般澹然，而非濃得化不開的渾沌。詩云「東山飄雨西山晴，道是無晴卻有晴」，人作為有情眾生之一，可以合情合理地判斷生死之事該當如何處置。接受哲學訓練的我始終相信，真正的理性絕非不近人情，而是高

度的情意表現；當感情用事要這要那，理智則反問可不可以不要，一如卡繆所言：「我反抗，所以我存在！」說到這兒有人不免會想問我總是在唱反調，到底在反什麼？答案是「反對軟心腸的溫情與媚俗」。這也是我對既有生命教育圈子敬而遠之的原因，因為我實在受不了把它搞成一套準宗教的模樣，用一些儀式般童騃帶動唱攏絡人心，讓人渾身不自在。說穿了這一套來自西方輔導界，而其前身正是宗教牧靈活動。我樂見的是蘇格拉底式「發現你自己」的反身批判，大破而後大立。

　　在後現代多元社會中，體現一種米養百樣人，每人大可「各盡所能，各取所需」，這也是為什麼新生死學只希望說與有緣人聽，聽不慣大可不聽而不必為謀。像大智教雖然相信人死如燈滅，卻也無妨於大去之前的「四道」：「道謝、道愛、道歉、道別」。我甚至設想可以在自然而然的氛圍下舉行「生前送行會」，以歡聚代替悲戚，喜樂但不濫情。畢竟誰都會走，先走後走而已，犯不著一把鼻涕一把眼淚。我說這話並非沒有同理心，尤其是親友意外喪生，任誰都會悲傷失落。但傷心仍有其限度，心理學家發現，半年以下的悲傷尚屬正常，再長就成心病，即使亡者有靈也不樂見。問題在現今繁忙社會中，請喪假最多也就半個月，根本難達哀傷撫慰的效果。想想古人為父母守喪長達三載，倘若雙親在不同時期去世，一生中就有六年要粗茶淡飯度日，還真難為他們了。

　　曾經有部日片「送行者」在全球大賣，甚至得到奧斯卡最佳外語片及日本金獎最佳影片。電影細膩地刻劃「納棺師」的專業活動，也就是後事料理三部曲「殮、殯、葬」的頭一道環節。納棺入殮是將遺體放入棺木中送去火化，之前的接運大體有時另有其人。納棺活動最主要的工作乃是洗身更衣及遺體美容，盡量讓亡者以栩栩如生的面容向親友道別，具有深切的撫慰人心功能。這部影片對我最大的啟發，是不管亡者在何種情況下去世，撫慰的作用都足以從倫理安頓中，創造出更豐富的美感體驗，化悲傷為欣慰，讓道別劃上一道完美的圓。新生死學雖然標榜「儒道融通」，但二者仍有主從之分；我主張「儒陽道陰、儒顯道

39

隱、儒表道裏」，眞正的內核乃是道家的自然無爲精神。無爲無不爲，
爲而不有；道別即是送行，歡送亡者反璞歸眞，重返自然，何懼之有？

6. 不　朽

　　就生死關懷實踐的境界而言，道家甚至佛家都比儒家高妙許多，這
是因爲祖師爺孔子不喜言死。傅偉勳發現：「宋明理學家們已有跳過孔
子談生不談死的偏差，而並談生死的傾向，且更有逐漸建立一種新儒家
生死學的思維趨勢。」尤其「明代王陽明⋯⋯有意建立一種儒家心性體
認本位的生死學，⋯⋯顯然是深受禪宗生死觀與解脫觀影響的結果。」
原來近代儒家開始談生論死，竟是受到佛家的影響。至於道家更是早就
出現與佛家相互呼應的契機：「在生死問題的哲理探索上，莊子與佛
教有不謀而合之處，即當下就宇宙的一切變化無常去看個體的生死，
從中發現精神解脫之道。」必須強調的是，我在此主張道家境界高於儒
家，主要還是圍繞生死議題而言：儒家自古以「孝」的德行發展出「愼
終追遠」喪葬禮儀，到如今卻已僵化成行禮如儀的繁文縟節，早已失去
「禮」的眞情實義。

　　我曾是臺灣殯葬改革的重要推手之一，負責制定禮儀師修習大專
學分的專業課程。「禮儀師」和「喪禮服務技術士」乃是官方頒授證書
的正式職稱，率皆圍繞著「禮」而發。精研道家的陳鼓應在《道家的人
文精神》一書中指出：「在莊子眼中，儒家講究的是一種外化的禮節，
而道家所著意的是禮的內質以及人的眞情之流露。⋯⋯這是說道家超脫
禮教之外，儒家則受禮教束縛。⋯⋯人間社會⋯⋯有過多的條條框框，
禮儀規範有時可以起人文教化的作用，有時則成桎梏人心的樊籬，而儒
家所營造的觀念囚牢導致狹隘的人生觀，尤爲莊子所不取。」面對此情
此景，我在推動殯葬改革時大聲疾呼要「保存孝心、澹然孝行；維繫禮
義、簡化禮儀」。重點不在排儒，而是揚道，用道家的無爲去收斂儒家
的有爲。但在我眼中儒家的有爲仍有可取之處，此即期待個人自許追求

「三不朽」。

　　「三不朽」乃對應於社會倫理實踐而言，立志在人間社會立德、立功、立言，「雖不能至，心嚮往之」。這當然不是指人生在世要追求三者齊備，而是自忖能否對有可能、有機會發揮之處「**盡力而爲，適可而止**」。在我來說，對前二者自覺力有所不逮，乃嘗試在立言的道路上盡情揮灑，眼前這部隨筆小品便是第三十三種著述。當然我不會妄想儒家聖賢才智式的不朽之道，卻相信以當今數位技術保存資訊的能力，「凡行過者必留下痕跡」，放在網上存於雲端，百年之後仍有可能歷久彌新。果眞如此，下筆就不能不愼重其事了。寫到這兒我就想起三十七載教學生涯，其中二十五年教到研究生，有機會擔任論文指導老師。對此我再三叮嚀，論文寫得不到位可以改，但千萬不能抄；一旦抄襲被揭穿，學生和老師都會遺臭百年，對此我能掉以輕心嗎？

貳

生 學

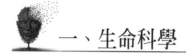 一、生命科學

1.生　命

　　現在進入理念篇〈知道〉的第貳章「生學」，通過對日本學者森岡正博所創、傅偉勳大力提倡的「生命學」加以引申擴充，使之盡量做到全方位覆蓋，尤其是觸及性別議題。「愛神」與「死神」在佛洛依德的著作中經常相提並論，我亦曾以「性愛與生死」為主題出版論文集，至今竟發現女性主義者所積極提倡的倫理核心價值「關懷」，同樣足以作為新生死學在實務應用方面的核心競爭力。上世紀中葉以後逐漸發揚光大的女性主義並非單打獨鬥，她是伴隨社會主義及民權主義共同對抗人類文明中的三大偏見：性別歧視、階級歧視、種族歧視。生命學創始人森岡正博本身為生命倫理學者，他卻將自己定位為「**我是女性主義的產兒，毫無疑問，屬於被女性主義思想喚醒的一代。**」（引自上野千鶴子《厭女》）這種自覺無疑深具時代意義。

　　女性主義在二十世紀的最大貢獻，是促成世人對於性別議題的「**意識覺醒**」，此後許多事物都必須予以性別考量，包括科學探究。過去人們大多認為科學活動至少科學陳述乃是理性的、邏輯的、客觀的，事實上這些都是精心修飾的結果。以科學成果為例，「物理科學」、「工程科學」似乎就比「生命科學」、「健康科學」來得精確而紮實，但後者的複雜度其實比前者大得多，尤其是醫療衛生涉及人，已不止是科學技術所能完全處理，人文藝術也必須參與其間。尤有甚者，在關照個人生老病死方面，被視為「陰性科學」的護理學，其重要性絕對不比陽剛的基礎及臨床醫學來得少。倘若生命科學通過生命學構成生學的一環，要為新生死學的建構作出貢獻，就必須先行在觀念上大破而後大立；破除

舊思維，樹立新觀點，將後現代的多元精神納入。

　　我所建構的新生死學與新生命教育的哲理表述爲「後科學人文自然主義華人應用哲學」，其中以「儒道融通」爲主的中土「人文自然主義」容後再談，至於「後科學主義」所反映的正是後現代精神，亦即「質疑主流、正視另類；肯定多元、尊重差異」。以此來觀照「生命」概念，就必須懂得用光譜漸層的道理面面俱顧、無所偏廢。像本章對「生學」的考察，便循著「生命科學」、「生命教育」、「生命學問」、「生命情調」一系開展，從西方走進東方、從科學趨近人文，而非拘泥不化、定於一尊。在此等有容乃大的視角下，「生命」既指具體可見的自然現象，也表示關注有情眾生的愛生惜福教化旨趣；更得以超越知識框架呈現海闊天空的靈性思索，最終則在覺察反省之中完成自我貞定，作出適性的「生命情調之抉擇」。從生命學問走向生命情調，正是傅偉勳拈出「生命學」的眞正旨趣。

2.科　學

　　「後科學」的提法是用後現代主義精神，去批判科學主義唯科學的偏見，從而將科學的視野放大、屬性深化。這是一套相當艱難的理想作法，主要是因爲面對科學的強勢，後現代主義顯得相對不足且力不從心。後者畢竟始自文學藝術創作領域，雖然在主張顚覆傳統的作用上令人耳目一新，然而一旦碰到科學活動，卻很容易踢到鐵板；1996年所發生的「索克爾事件」以及背後的「科學大戰」，便大幅傷害到後現代陣營。事件發生前的九零年代，科學家對一些批評他們的人文社會學者漸感不滿，遂對之冠以「學術左派」之名加以撻伐，終於釀成一場筆鋒上的「科學大戰」。後來出現一名別有居心的物理學者索克爾，大量套用後現代術語寫了一篇科學詐文，投稿至對方陣營竟被刊出，引起整個學界譏諷後現代學圈的無知，重重打擊了科學批評團體的氣勢。

　　「科學大戰」的緣起，是兩名自然科學學者於1994年共同出版《高

級迷信》一書，去反對「學術左派及其對科學的責難」，雙方各執一辭互不相讓，直到「索克爾事件」爆發才暫時分出高下。但這整個對峙過程，其實只反映出人文社會領域和自然科學領域長期以來互不瞭解缺乏對話的遺憾。正本清源地看，人類知識領域自從十七世紀「科學革命」以後開始分化，便逐漸形成專門和專業主義。此等知識分工所帶來的本位主義及門戶之見，導致高等教育所培養出來的人才大多成為見樹不見林的「一曲之士」，也因此才有上世紀七零年代美國各大學開始推行「通識教育」以亡羊補牢。通識教育在臺灣於1984年正式啟動，最初目的是讓念科學技術的學生，有系統地涉足人文藝術及社會課題，反之亦然。但是多年實施下來不免流於形式主義，學校在避重就輕下逐漸失去原有初衷。

　　自然、社會、人文三大知識領域的劃分，只算方便法門而非不二法門；尤其走進二十一世紀，跨學科甚至跨領域的教學與研究逐漸流行，無形中也破除掉不少門戶之見。像生死學、生命教育、生命倫理學所面對的複雜問題，都必須尋求不同學科背景的人彼此對話，集思廣益，共商對策。新生死學秉持「生物─心理─社會─倫理─靈性一體五面向人學模式」加以建構，至少涉及生命科學、健康科學、社會科學以及人文學等各領域的知識，但最終仍必須融匯貫通轉化成生死智慧，方能有助於各人安身與了生。我始終認為探索生命奧秘乃是尋找人生意義的第一步，所以在哲學系大二便毅然選生物系為輔系。近半世紀前很少會有人如此大膽撈過界，因此全校只有我一人選修，必須隨班上課。我花了三年時間將數理化生等基礎科學一併修過，自我訓練成為科學哲學學者至今，受益匪淺。

3.技　術

　　面對「技術」此一概念，許多人第一時間聯想到的，恐怕就是各式各樣的家電與通訊產品，連我也不例外。在我們的社會裏，「技術」往

往被說成跟「科學」連在一道，因此大家慣常說「科技」，連政府部門都有「科技部」，其前身則為「國家科學委員會」。「科技」究竟是科學還是技術的成分居多？此一問題其實肇端於將二者連用所產生的概念混淆；像過去專科學校升格為技術學院，再擴充為科技大學，不免令人莫衷一是。國內普設的科技大學其實是技術職業教育之下的技術大學，與大陸極少且頂尖的「科學技術大學」不能相提並論。在我看來，「科技」二字連用所遭逢的問題其實很像「生死」二字組合，後者主要想表達「死」，卻用「生」去稀釋它，以免被人嫌棄。「科技」希望用科學去支撐技術，在專家眼中看來與事實並不符。

西方國家在上世紀後期為考察科學與技術的社會作用，同時防止弊端發生，乃應運而生「科學技術學」；此一新興學科的批判性及後現代意識極強，到頭來終於引發「科學大戰」。雖然人文社會學者一度敗下陣來，但是他們通過「科技史—科技哲學—科技社會學」三位一體的研究進路，盡量還原歷史與社會真相，發現科學與技術的發展並非同源，而且目的也不一樣。這點其實早在古希臘亞里斯多德對於知識的分類便可看出端倪。他心目中的「科學」代表的是「真知」，而「技術」則反映出「實用」；前者的目的是追求真理，後者則為經世濟民。著名科學史學家李約瑟曾撰有七大卷《中國科學技術史》，臺灣譯為《中國科技與文明》，表示十五世紀以前的中國科技冠於全球，但仔細看那些都是技術成果，跟西方以哲學為基礎的科學真理無關。

由於十七世紀「科學革命」以後的技術成果，大多可以通過科學表述而記錄與呈現，近三百年人們不免認為是科學引領技術往前行，直到半世紀前美國國防部提出一項計畫，去審查當時武器系統究竟有幾分科學和技術的貢獻，結果意外發現技術佔了九成，科學僅提供一分。這點表明的是技術本身其實自成一格，雖然不免要運用數學演算和科學推理，但其中仍有很大區別。例如一般人所說的「理工科」，理與工其實有著不同的知識與教育系統，不宜完全混為一談。回頭來看，科技產品利用厚生經世濟民，大幅改善了現代人的生活型態，甚至可以說人們離

開科技就無法生活。但科技應用仍有其極限，新生死學較為關注的是醫藥科技足以診治難症甚至延年益壽，但同時也產生了一定的副作用，像維持生命跡象卻未保生命品質，造成了求生不得、求死不能的苟延殘喘困局，必須防範於未然。

4.醫　療

　　說到科學與技術的聯結，一般人大多心存科學引領創新技術的迷思，雖有部分道理，卻不見得正確，這點在醫療技術的發展上尤其明顯。醫療以人為本，有療效就是王道；但療效多為經驗積累下的「知其然」，直到相當晚近才在生命科學的探索下之「知其所以然」。以西醫為例，古早的投藥治病只算內科，至於今天的外科到了近代仍跟屠宰業若即若離，人體解剖的前身正是動物支解。而生命科學的發展大約比物質科學晚了近兩百年，直到顯微鏡普及、細菌學出現，再加上演化論問世，才算有了比較完整的圖象。至於現代醫學及其教育的有效實施，差不多已是二十世紀的事情。換言之，如今人們習以為常的現代西醫制度，歷史也不過一百多年；而生活在華人世界的百姓，受到中醫造福影響則長達兩千年。為什麼中醫被視為「不科學」，卻有那麼多人相信它利用它，道理值得深思。

　　中醫在民國初年以不科學為由被禁，直到兩岸分治才被整合至西醫內而逐漸恢復生機；至今雖不若西醫流行，卻得以用「傳統醫學」名義設置於大型醫院內單獨成科。從技術史的角度看，中西醫背後對生命現象所預設的假定可謂大異其趣，甚至不可共量。簡單地說，中醫的身體觀屬於有機論，身體的小宇宙是隨著自然的大宇宙同步運行作用，人體跟四時五行有著神祕的互動，必須搞懂整體大局方能有效投藥診治。而西醫的身體觀則反映機械論，尤其是笛卡兒的「身心二元論」，把人的身體視為上緊發條便會產生動作的機器，壞了可以修理替換，無法修理便報廢。如今醫學入門教科書皆強調本身為「笛卡兒式」科學技術，在

西醫眼中，死亡乃是上帝的事情，無關科學，這也是爲什麼當科學家創立死亡學卻長期遭受忽視的原因。

　　現代醫學在科學與技術雙重發展的帶領下，大幅走向精密分工的體制，往往讓病患及家屬見樹不見林而莫可適從。這種情形我相當感同身受，不單是作爲患者在看診時會顧此失彼，耗費資源，更多體驗實來自在大型醫學中心擔任近兩年志工的所見所聞。由於醫學中心設備齊全、資源豐厚，加上有名醫坐鎮，於是不單都會居民習慣前往求診，連鄉間病患也蜂擁而至，造成人滿爲患。看見病房一床難求，患者躺滿急診室走廊的情景，讓我百感交集，遂不免對現代醫學將人「醫療化」以致「非人化」產生質疑。尤其當我某回被送入手術房，看見成群患者整齊排列等待處理，不禁悲從中來。或許是我有太多不必要的情感作祟，畢竟高齡社會老病纏身的患者日增，醫院必須通過有效的資源分配和組織管理方能發揮最大效益，但這點好處躺在病床上往往想不到。

5.照　護

　　回想起來我算是小病不斷大病不常的人，印象裏只有兩次住院經驗，一次因結石動手術待了一天，另一則爲作切片住了兩晚。期間除了醫師巡房打個照面寒暄幾句外，最常見到的就是護理人員。護理師較醫師相對親切，但也得依體制規定照表操作，有時顯得不近人情。想起有一回住院，頭晚半夜被喚醒量血壓，問其何必如此，答以大夜換班必須重新收集數據資料以便次日手術參考，在我看來卻不啻擾人清夢。除此之外我對護理人員還是備感親近，一來是因爲母親年輕時曾擔任軍護，身著軍裝配上准尉階章的英姿，是我心目中永恆的回憶。其次則爲偶然機緣下曾在三所護專任教生死學，對護生辛勞十分敬佩；而且我因爲使用護校圖書撰寫教授升等論文獲得通過，更是感恩。我是國內極少數研究護理哲學的專家，有幸得到護理學者的肯定，甚至受邀給博士生講課。

我的升等論著《護理學哲學——一項科學學與女性學的科際研究》出版於1996年，次年初四十三歲順利升上正教授，教研生涯從此無後顧之憂。回顧我的升等代表作，受惠於護理專業文獻，令我發現護理學同時具有健康科學與女性主義的交織屬性，從而由其中醞釀出一套獨樹一幟且彌足珍貴的核心價值，此即「關懷」，而與醫療所體現的「療癒」相輔相成、相得益彰。現代人多有上診所或醫院看病的經驗，診間基本配置醫護人員各一，一旦住院，醫護也會定時出現。但是這套治療模式並非自古皆然，護理人員進入醫療體制成為標準人力，一來是教育水平提昇的產物，二來也是前輩積極爭取權益的結果。例如過去護理人力大多為護校畢業的「護士」，受教僅到高職；如今全面提昇至專科以上，授證皆稱「護理師」，無疑已登專業人員行列。

我的論著以科學學和女性學交互探索為內容，在多達三百種外文文獻中，發現西方早已把護理學提昇至「護理科學」層級，更不忘通過女性主義的視角，將之定性為無與倫比的「陰性科學」助人專業。畢竟在全球範圍內，護理人力中女性仍佔九成以上；先進國家男性護師雖多，一時卻扭轉不了患者和家屬的刻板印象。護理人員身為女性對病患從事關心與照顧工作，並非社會歧視，而是自古已然。「護理」在西方最古老的意涵，便是母親對家人無微不至的照應，後來受到天主教修女會照顧在外旅人的影響而發揚光大，最終則由南丁格爾秉持宗教精神在克里米亞戰場上發揮專業功能，才算奠定她在衛生保健醫療照護領域的地位。護理對「關懷」的重視，也為教育學者所認同；後者發展出關懷倫理學，回頭對護理專業賦權增能。本此我遂將「關懷」與「生命」並列為新生死學核心價值。

6.殯　葬

我對護理科學及專業心存感恩，因其助我升等取得教授資格；然而我雖曾任教於護理院校，卻無緣再深入其專業。真正讓我涉足其中且發

揮影響力的乃是殯葬專業，尤其促成此一行業在國內提昇為專業，我多少可以居功。人生不脫生老病死，醫師和護理師盡心盡力於改善「生、老、病」的過程，剩下一「死」就非得靠禮儀師的巧手慈心了。殯葬專業化在臺灣花了很長時間才得以逐步落實，使之從一門傳統「行業」不斷轉進為現代「職業」和「專業」。行業多見於小型葬儀社的師徒相承或父死子繼，規模不大；職業則是中大型禮儀公司成立後廣納人才進入任職，形成制度化；而專業更是進一步證照化，大中小企業的從業人員皆需考授證書以執業。一門行業的專業化需要有學系、學會、學刊、證照等條件，國內近十餘年才逐步發展，我曾於2014年參與撰寫《臺灣殯葬史》紹述之。

　　雖然殯葬在兩岸四地都是厚利甚至暴利事業，但在我的心目中它多少必須具備公益性質，不能一味在商言商；因為人人用得著它，遂成民生必需行業。另一方面，殯葬活動處理的是亡者，面對的卻為生者，尤其是受悲傷失落所籠罩的家屬，站在第一線的禮儀服務人員就在遂行助人專業。尤有甚者，禮儀服務不止用於當下，更有向前向後整合的空間，乃有學者將傳統「殮、殯、葬」過程，擴充為「緣、殮、殯、葬、續」一系產業價值鏈。傳統作法是由為亡者接體開始，至其入土或晉塔為安即告一段落。新興價值的創造則包括之前購買「生前契約」，以及後來對家屬的「後續關懷」；前者買到的是「無後顧之憂」，後者則多為公益性質的創造服務口碑以利永續經營。由於殯葬專業化的時間不長，轉型階段仍不免出現弊端；但在法規逐漸齊備的情況下，爭議已大為減少。

　　殯葬活動在華人社會由於深受儒家慎終追遠觀念的影響，走向以禮儀服務為主的行業發展並不為奇；但在西方尤其是美國，它卻深深具備科學技術面貌。「殯葬科學」興起於美國其來有自，它主要體現為化學防腐，原因要追溯至一個半世紀以前的南北戰爭。當時軍人命喪沙場，必須運回老家安葬，沒有汽車只有馬車，長途跋涉遺體易爛，就使得防腐行業應運而生。世上第一所殯葬專業學校於1882年在辛辛那提創立，

當時所傳授的正是防腐技術。化學防腐在臺灣極其少見，反倒是遺體美容大行其道；國內採用的是冷凍式物理防腐，提前解凍以利化妝入殮，告別式一結束立即火化，倒也無所偏廢。想我雖曾為殯葬改革的重要推手，但自己卻十分嚮往遺體處理的簡化與淨化，最好是連治喪都省卻，載薄棺燒灰撒大海，縱浪大化不喜不懼，之於我乃是最為自然的歸宿。

 # 二、生命教育

1.人　學

　　新生死學在建構生學的理念時，除了要樹立生命學問以利生命情調的抉擇之外，同時必須回頭檢視批判既有的生命教育，進而形成更為完整紮實的新生命教育論述，亦即「大智教化」。官方生命教育自1997年啟動至今，最新進展是2019年落實為高中一學分必修課。一學分能教多少內容不敢講，但必修則表示年輕人都得接受其洗禮，或有潛移默化之功。學校生命教育自2010年成為高中正式課程曾規劃八科十六學分，內容洋洋灑灑，分屬哲學、心理學、宗教學及生死學，佔去全部高中課綱五分之一篇幅，一度令人充滿希望，到如今卻已成明日黃花，不免慨嘆。大修後的生命課不再分科，以「生命教育」為名列入綜合活動領域必修一學分，著重的是落實五大核心素養：「哲學思考、人學探索、終極關懷、價值思辨、靈性修養」，充其量只及於哲學和宗教，生死議題不與矣。

　　將生死及生命倫理課題抽離於生命教育課程，轉而去跟自然領域課程進行統整，無異捨本逐末。自然領域的知識含量原本即高，授課教師多照課綱操課，鮮有工夫將本行專門知識主動去跟人文智慧予以統整，到頭來不免一場空。當然生死學跟生命教育脫鉤也沒有什麼不可以，畢

竟官方生命教育長期由哲學學者所主導，進階七科就有四科歸於哲學，無異於哲學教育，僅拿心理、宗教、生死課題陪榜。如今課程已經純化，不再討論其他學科的論題；但將應用哲學同時排除在外，而令其去跟要應用的對象統整，卻十分有待商榷。例如把生命倫理課題交給生命科學去統整，而非由倫理人文領域主導，不啻倒果爲因、緣木求魚。應用哲學並非次等學問，而是足以跟基本哲學平起平坐的新興學科；生命教育偏向哲學固然體現「愛好智慧」的眞諦，但是不碰應用不免可惜。

　　先看看實施不久的生命課在教些什麼？列爲五大核心素養之首的「哲學思考」，目的爲「探索並養成生命教育其他四項素養所不可或缺的要素」；在此目的下又分「思考素養」以「進行人學及人生三問的探討」，以及「後設思考」以「不斷發展與精進自身對思考的理解與實踐」。其中所列「人學」與「後設」之說，可分別歸於第二及第四項素養，即「人學探索」與「價值思辨」。究竟人學爲何？其實就是人類學，至今仍有哲學系講授「哲學人類學」，但跟自然與社會科學中的「體質人類學」和「文化人類學」大異其趣。哲學的人學以人爲本，生命教育推動反身而誠的自我觀，追問什麼是我？我又是誰？將東方的集體思維導向西方的個體認同，無疑足以促進年輕學生身心成長。至於人學考察一旦深化，就會碰上天人關係的問題；西方與人學相對的正是神學，於中土大可轉化爲生命學。

2.心　理

　　在現行社會科學諸多學科中，心理學、社會學及人類學三者被特別標幟爲「行爲科學」；這主要是美國學界的分類，其實事出有因。蓋老美在上世紀中葉跟共產國家蘇聯和中國在朝鮮半島打了一仗，三年半以後灰頭土臉停戰，至今仍未簽下和平協定。韓戰是美國這個資本主義國家跟世上兩大社會主義國家的對決，早已引來資本家的不快。戰後各行學者要跟大財團基金會申請研究經費補助，載明「社會科學」被百般

刁難，原來外行的審查人把「社會科學」跟「社會主義」混爲一談，後來改採較爲中性的「行爲科學」才算過關。有此因緣，美國學界逐常見「行爲社會科學」連用的說法，不久又將上述三門研究人類行爲的學科乾脆劃歸「行爲科學」。就行爲而論，心理學研究的是個體行爲，社會學針對現代社會的群體行爲，人類學則專注於少數民族及初民的行爲，各有所專。

上文曾提及，「人學」就是「哲學人類學」，過去又稱爲「哲學心理學」，以示跟「科學心理學」區別。眾所週知，西方心理學自始便屬於哲學的分支，乃是「研究靈魂的學問」，直到1879年在德國生理學家馮特的運作下，才被分化收編爲一門科學學科。之前心理學先後研究人的靈魂、精神、心靈、意識等議題，科學心理學由意識出發，轉而研究行爲和認知，因此心理學至今也被視爲「認知科學」的一環。它在西方越走越科學，不算自然科學便屬社會科學，早已沒有人文思想的影子。說來也妙，基本心理學科學化以後，盡量跟哲學劃清界線；上世紀中葉應運而生的應用心理學，卻大有返回哲學之勢，看看輔導理論有多少跟哲學相呼應便可見一斑。這是西方學術的趨勢，一旦回到中土傳統來看，足以跟心理學相對應的傳統思想就是「人性論」，亦即對人性善惡的討論。

新生死學奉行「文理並重、東西兼治」原則，全方位發揚「後科學人文自然主義」影響，這是一套華人應用哲學思想，具體實踐當以「西用中體」爲標竿。依此觀之，傅偉勳所提倡的本土「心性體認本位」之「生命學」，適可作爲新生死學的核心價值，而與西方倫理的「關懷論」相提並論。「心性體認」指的就是通過反身而誠的工夫所發現的本心與本性，這正是中國心理學的探究主題與對象。何謂人的「本心」？孟子提出的「四端」即屬之；至於「本性」，孟荀二人各執善惡一說，告子則取中庸之道。這些討論不見得找得出明確答案，但討論本身仍深具意義；也就是通過反思覺察，找到自我貞定之道。以我自己爲例，此生完全夠不上儒家聖賢才智的標準，但身爲學者和教師一定要向才智之

士看齊，以示「愛智」之志。我的心性體認經歷半世紀哲學薰習基本到位，可堪告慰也。

3.倫　常

　　官方生命教育在取代傳統德育之初，即因其明顯西化及過度宗教色彩而遭批評；當時有新儒家學者爲文指出課綱完全沒有本土文化元素，教育部僅出面澄清對各宗教一視同仁，卻始終忽視非宗教的聲音。此於當時的確是一大缺失，因爲在教育改革的大纛下，傳統德育被生命教育所取代；既然是德育，則忽略傳統倫理卻大談西方觀點，尤其是拿近代「義務論」倫理學爲中心思想，不啻落入見樹不見林的困境。舊課綱草案於2004年問世，正式課程自2010年啓動，至2019年功成身退這十五年間，官方的核心價值大致未變；倒是新課綱出爐後，倫理議題出現較多包容，納入人生美學確是一大進步。不過有得亦有失，將應用倫理課題移交給輔導或科技課程去統整，不免因小失大。像舊課程裏的「性愛與婚姻倫理」和「生命與科技倫理」，光看名稱就足以吸引高中生的興趣了。

　　爲使既有生命教育內容得以擴充與升級，我於近年提出「大智教化」論述，作爲新生命教育多方推廣。新教育不在於取代既有而重乎多元發聲，但也作出一定市場區隔；學校生命教育係以中學以下未成年學生爲對象，大智教化則針對大專以上成年人而發，尤其對焦於生命教師以進行師資培育。教師成長促成學生受益，納入大智教化方能使生命教育永續發展。而無論生命教育抑或大智教化，其初衷皆爲德育實踐；但我更強調大智教化可擴充爲「德群美」三育合一，且以人生美感體驗爲最高境界。榮獲1987年諾貝爾文學獎的美國詩人布洛德斯基曾提出「美學是倫理學之母」之說，並表示「每回美感體驗都令人的倫理存在更眞實」。此一命題及其詮釋，正好可用於爲「儒道融通」的主從關係下註腳。不同於一般人滿足於儒家式的人倫安頓，更深刻的存在乃是道家式

的審美貞定。

美感體驗容後再談，人間倫常的安頓的確是社會穩定祥和的基石；當西方倫理主張套用「原則」以「異中求同」，華人「五倫」則自各安其位中達到「同中存異」效果。傳統五倫包括「君臣、父子、夫婦、兄弟、朋友」，在兩千五百多年前的孔子時代便爲之所用；但那是東周春秋的封建諸侯年代的道德規範，有其特殊時空背景，不宜全盤照搬用於現今。新生命教育對此嘗試與時俱進、推陳出新，重新打造「後現代五倫」。首先將君臣之倫改造爲上下關係，用於職場和學校等，例如上下屬或師生；同時把垂直領導調整爲斜向溝通，創造亦師亦友。其他如父子之倫理當擴充爲父母子女全盤親子關係，夫婦之倫應擺脫男尊女卑的性別歧視，兄弟之倫不妨納入學長姊和學弟妹，而朋友之倫更要回歸同窗之誼，以落實「獨學而無友，則孤陋而寡聞」的關係改善。

4.宗　教

新生死學與新生命教育的基本主張乃是「後科學、非宗教、安生死」；「後科學」指身處後現代應批判地善用而非迷信盲從科學技術，「安生死」表示教化目的即爲自度度人安身與了生之道；至於「非宗教」並非在於否定排斥宗教，只是將之存而不論，同時提出替代方案，作爲不信教的人多元選項。我所提倡的儒道融通「大智教」，雖打造爲反諷式的擬似宗教，實則爲一套現世主義人生信念，這正是既有生命教育有意忽視的部分。回想官方生命教育在本世紀初由教育部組成「推動生命教育委員會」開始，即以具基督宗教背景學者爲大宗，遂見儒家學者爲文質疑，而當局回覆僅表示尚有佛教學者在列，明顯避重就輕。對此我曾撰寫長達十六萬言《生命教育概論——華人應用哲學取向》一書加以批判，卻未見任何回應。多年過去，終於悟出此乃意識型態路線之爭，遂爲之釋然。

既有生命教育是傳統德育的替代，後者在黨國御用思想長期把持下

早已奄奄一息，西化學者遂藉教育改革之名將德育去之而後快，代之以既正向又清新的生命教育。只是臺灣生命教育的源頭乃是天主教曉明女中的宗教教誨課，被當時省政府教育廳信手拈來重新包裝立即推行；精省後雖由教育部接手，卻也抹不掉厚重宗教思想的影響。大家莫以為我在排斥天主教，相反地我身為天主教輔仁大學哲學系的學、碩、博士，長期領受天主光照；我只是不樂見學校生命教育被澈底西化，從而失去本土民族文化蹤影。這並非危言聳聽，其中來龍去脈可參考一部記載翔實的生命教育史，許敏雄所著《臺灣生命教育的發展歷程：Mannheim知識社會學的分析》內「對教育部宗教中立性的質疑」一節。由於事件已非理念之爭而屬路線之爭，就必須通過「知識─權力」的批判視角加以重估。

　　簡單地說，為官方推動課綱算是主流路線，足以影響體制教育；相對地民間發聲則為另類路線，必須另謀出路。好在主流力量只及於未成年學生，廣大成人市場尚有可堪發揮的空間。對此我認為「上有政策、下有對策；各自表述、各取所需」，近年遂改弦更張，不再批評學校生命教育，改以向成人大眾推廣大智教化。猶記舊課綱有「宗教與人生」一科，一開始便自問「人為何有宗教的需求？」答以「面對現實人生必死的事實及各種有限與困境，所興起的終極疑惑與關懷。」其宗旨為「培養學生……在其面對生命中的各種情境與問題時，有更為寬廣的人生視野。」誠哉斯言，既然如此，我乃創立「大智教」或「人生教」，宣揚另類的生命理念，此即「人死如燈滅」的現世主義，早已廣為傳統儒道二家所發揚。新生死學一旦對此有所堅持，便與主流思想分道揚鑣矣。

5.美　感

　　國內教育雖一貫強調「五育並重」，但始終只見智育當道、科技掛帥；體育或許同樣受重視，德、群、美育就僅聊備一格了。本世紀初教

育改革上路，中小學以學習領域取代分科教學，德育遂轉化爲重大課題之一的生命教育，群育列入綜合活動領域，美育則歸藝術與人文領域。到如今生命教育進一步納入綜合活動領域，總算各歸其位。由於一開始生命教育被定位爲倫理道德教育，而美育又被視爲僅推廣藝術美，於是個體生命中的人生美感體驗卻無形中被忽略。此事曾引起教育學者質疑，到如今新課綱問世，總算看見一絲新希望。必須說明的是，新課綱和新希望仍屬官方所推行的學校生命教育，並非我在民間不斷耕耘的新生命教育和大智教化。我主張把既有生命教育的倫理道德教育內涵，擴充深化爲融德、群、美育於一爐的多元教育，且將人生美育放在核心位置。

　　人生美在新課綱稱爲「生活美」，它表示應「改變自我，思考如何讓自己成爲有生活品味的人，並瞭解品味並不等於奢侈的道理」，從而排斥花大錢就代表有品味的迷思。生活美具體可行之道乃是「反思生活美學的能力，可以用對比的方式，呈現不同生活習慣（如食、衣、住、行、育、樂等）帶給人不同的感受」，其目標是在「價值思辨」核心素養中進行「生活美學的省思」，進而讓年輕人「發展自身的生活美學」。根據我自己的成長體驗反身而誠，想要達成此一理想目標相當不易，因爲出生於本世紀的孩子幾乎無不是手機的一代、電玩的一代，終日「目迷五色」，如何培養出「澹泊明志、寧靜致遠」的生活美學，不免令人質疑。「我思故我在」建立我們那一代的個體性，「我玩故我在」卻創造出手遊玩家的集體性，科技掛帥的影響力早已無所不在。

　　或許是個性使然，從小到老我都不喜與人爭，只希望自求多福、自得其樂，做個一切從簡的自了漢。由於我天生沒有藝術細胞，欣賞藝術美遂鮮在日常考慮之內；但是漸老及入老之後，卻越發響往道家式的人生美感體驗。有趣的是我受到宋儒程顥的影響，竟然將老後的人生第三齡定位爲「生趣閒賞」時期，嘗試玩味於其中。程顥有詩云：「閒來無事不從容，睡覺東方日已紅；萬物靜觀皆自得，四時佳興與人同。道通天地有形外，思入風雲變態中；富貴不移貧賤樂，男兒到此是豪雄。」

這分明是道家的口吻，卻出自被供奉於各地孔廟牌位上的大儒之手；如此儒道融通恰到好處，的確令人爲之莞爾。回想十餘年前我在職場中被授予大學院長重任，別人求之不得，我卻欲去之而後快。當時曾以四句教明志，如今讀來格外親切：「享閒賞情趣，親性靈體驗；做隱逸文人，過澹泊生活。」

6.靈　性

　　「靈性」即是「精神性」，是比感官知覺所造成的心理狀態更深邃的存在體驗；生命教育舊課綱設有「人格統整與靈性發展」一科，新課綱則將「靈性修養」列爲最高層的核心素養。前者曾提出靈性的根源係來自作爲心理學「第四勢力」的「超個人心理學」：「超個人心理學派乃出自對人本心理學說的補充與超越。認爲人不應該只限於『個人』、『小我』的實現，容易引發自私自利及危害他人與環境的行爲。人應該探索自我的靈性，尋求個人與自我、他人、自然環境與造物者之間的和諧關係。」且進一步對「靈性發展」的內涵加以界定，包括「對上帝、上天或終極存有的回應」。而在新課綱中則將「靈性修養」的內涵清楚表明：「包含自覺的喚醒、慈悲與愛的深化以及智慧的提升」。由以上表述可以發現，官方生命教育的「靈性」課題，強調的是對大我和宗教的關注。

　　西方世界長期政教合一，如今雖講求信仰自由，但宗教影響無所不在，將靈性生活聯繫上宗教信仰實無可厚非，但這點恐怕對華人不適用。上述「四大勢力」的劃分其實只是美國心理學界的規定，前三者乃是行爲主義、精神分析、人本心理學。後者常與哲學上的存在主義相呼應，而存在主義十分看重個人小我自覺下的「存在抉擇」，但超個人學派卻擔心如此一來人們可能會走向自私自利，這實在是杞憂下的過度推論。中土思想裏的道家傾向「獨善」，即使楊朱的「爲我」，也不能一下子引申至私心作祟，因爲「利己」不一定會「損人」。此外於華人心

目中也不存在有「造物者」的形象，更不認為自己是「受造物」；這種「終極存有」的「設計觀」，無疑是全盤西化的。綜上所述，我認為新舊課綱的靈性課題都不免以偏概全，不易讓中學生充分理解，有必要重構以推陳出新。

我的靈性觀可表述為一句話：「靈性即性靈！」新生死學與新生命教育樂於大力推廣啟迪人心的「性靈之靈性」。我對「性靈」的認識受惠於林語堂《生活的藝術》一書，此書創作於他不惑之年，目的是向西方人介紹中華文化的精華。當時他的核心思想是道家，因而發現晚明時期三位袁氏兄弟的寫作風格「獨抒性靈，不拘格套」。他表示「『性靈派』……就是一個自我表現的學派。『性』指一個人之個性，『靈』指一個人之『靈魂』或『精神』。」出生於湖北公安的「公安三袁」以寫性靈小品著稱，在文學史上獨樹一幟，強烈影響後世的散文寫作風格。我便深受其啟發，因此在推廣大智教化之際，盡量採用哲理小品的形式以從事性靈書寫，眼前這部《新生死學》便屬其一，也是同類型著作的第八種。「我手寫我心，善結有緣人」，透過寫作與傳佈，近年終感道喜充滿矣。

 # 三、生命學問

1.虛　無

本書為計劃書寫，以十萬字為限，行文至此篇幅已近四成，終於來到對新生死學理念面核心價值「生命學問」的舖陳。我的「生命」觀解受惠於森岡正博與傅偉勳的「生命學」，但畢竟仍屬我自創的「天然論義理學」之一環。不瞞大家說，我的生命學問在根源深處實為虛無主義，它一度構成我的日常生活三部曲，如今則簡化淨化為二。在2001

年頭一部正式出版的小品文集《心靈會客室》中，自忖「我的『溫情主義—虛無主義—功利主義』三部曲，往往框限了走過的路；而心隨境轉的毛病是否決定自己未來的路子，則必須明智抉擇。」二十年過去了，那種令我嗤之以鼻的媚俗溫情心態早已拋棄，倒是虛無觀和由功利觀轉化的實用路線，仍足以支撐暮年餘生的自我貞定，新生死學遂由此出發談起。順便說一句，在我看來，軟心腸的溫情主義正是既有生命教育最不足取法之處。

　　如果根據威廉詹姆士的說法，心腸軟硬乃係是否信教的判準，我肯定要把新生死學定位為硬心腸的生命學問，並與任何宗教信仰劃清界線，道不同不相為謀。不是我對宗教不敬，而是敬而遠之；宗教講究虔信，信仰堅定的人根本不需要生死學及生命教育，遂與之無緣。緣即緣會，表示人之相會而有所交集；當任何宗教系統皆宣稱有關生前死後之種種，主張「人死如燈滅」現世主義的新生死學和新生命教育，明顯與之缺乏交點從而無緣。過去我懷抱溫情對此不免覺得遺憾，如今則澈底看破看透看開，遂已不為所動且淡然處之。此乃我的虛無心態之體現，在放空一切之後，反而能夠玩味空中妙有的空靈之美。用儒道二家作法對照來看便一目了然：「莊子是冷峻的，冷得呼喚著『無情』。比較起來，儒家是熱切的，熱得不能忘懷惻隱，並一直追求著推己及人。」（王博《莊子哲學》）

　　一本討論虛無主義的論著開宗明義便指出：「人的一生或早或晚都會遭遇虛無，不管是肉體還是精神。我們從虛無中來，回到虛無中去。不僅僅是人類，萬物皆然。……沒有永生，一切皆有死亡。死亡意味著沒有感覺、沒有靈魂、沒有時間、沒有歷史、沒有記憶、沒有創造，當然也沒有意義和價值。」（張興成《虛無主義與現代性批判》）這種白描強烈衝擊人心，面對如此悲觀議論，該當如何自處？哲學史上有一位怪咖，花了一生時間為此提出對策，那便是叔本華。他「對人類的狂妄自大進行了全盤、徹底的控告，涉及三個方面。宇宙空間方面：我們的世界只是無盡空間中不計其數的星球的一個……；生物學方面：人只是

動物中的一種……；心理學方面，控制著我們自身的並不是那個有意識的自我。」（欽文譯《叔本華及哲學的狂野時代》）此一理解足以讓我們「置之死地而後生」。

2.實　用

　　本節以「生命學問」而非「生命知識」為題，是受到新儒家學者牟宗三的啟發，他明確指出：「西方的哲學本是由知識為中心而發的，不是『生命中心』的。……西方哲學的精彩是不在生命領域內，而是在邏輯領域內、知識領域內、概念的思辨方式中。所以他們沒有好的人生哲學。」且表示「生命的學問……是個人修養之事，個人精神生活升進之事，如一切宗教之所講。」對此我乃有立足於塵世與現世的大智教之提倡。基於實用主義治學原則，新生死學提倡的乃是美國法學家德沃金所言「沒有上帝的宗教」，正如其發現：「不必去想像死後的生活，……因為這個想法本身帶給人強烈的發自肺腑的澈底消極之感。」但我並未覺有何消極，畢竟「假如有來世，那便不是我；假如那是我，就不算來世。」現世主義者在自我貞定之下，早已擺脫積極消極，唯有流露出本真的豁達而已。

　　但是太過於硬心腸的說法難免令社會大眾心存不安，很容易被宗教信仰所吸引。為彰顯大智教的大智大慧以利人們安身與了生，新生死學的建構除了立足於虛無主義的基礎上，還需要善用實用主義策略，對人生作出能夠躬行實踐的指點，這正是本書下篇〈行動〉的主題。「後科學人文自然主義華人應用哲學」堅持走在「西用中體」路線上，西方知識是實用利器，中土學問則為核心價值。值得善用的西方知識乃是後現代思潮所散發的有容乃大多元精神，若要將之與中土思想融匯貫通，找一位認同東方文化的實用主義學者對話即為適當作法，美國哲學家羅蒂正是最佳人選。他受過正統美國分析哲學訓練，以學術成就榮登美國哲學會東部分會主席，中年時期出現重大認識論轉向，朝歐陸後現代主義

靠攏，終於自哲學界出走，投向文學圈，並擁抱更大範圍的人文思想領域。

　　羅蒂的認識論轉向是因為「西方文化日益自覺到自己是誤入歧途的，當它逐漸地正本清源的時候，它便逐漸地向著東方文化趨近，……所有這一切都已經由羅逖哲學預見到了。……羅逖哲學為未來世界的多元化現實提供了很好的哲學論證，……並預示了東、西方文化在更加寬泛的範圍裏實現融合的理論前景和實際可能性。」（張國清《羅逖》）他在美國哲學界更被定位為後現代的新實用主義者：「羅蒂構建了一種新型實用主義，這種實用主義將古典實用主義的各種分支與當代（以法國為主）後現代主義的論題編織在一起。」（林建武等譯《永遠年輕的杜威》）作為新實用主義者，羅蒂秉持後現代的質疑精神，竟然企圖顛覆整個西方哲學，「……以治療性、對話性、反諷性、遊戲性、隨機性等為特質的教化哲學仍將存在下去……。」（《羅逖》）這正是我宣揚反諷式大智教的立論基礎。

3.儒　家

　　我曾追隨前賢的腳步，於2010年出版題為《生命的學問》論文集，主要提出具有生命旨趣的教育哲學。教育哲學始終為美國實用主義者杜威所推崇，他曾於上世紀二零年代至中國講學兩年，使得國民政府相當看重教育哲學，列為取得教師資格必考學科。這種傳統一直延續至今，我即曾被規劃全國教師檢定考試的國家教育研究院，聘為「教育哲學」一科的命題及審題委員，為此還特別撰寫教科書《教育哲學——華人應用哲學取向》，以示跟其他觀點的不同。華人社會自始便相當重視教育，甚至將「天地君親師」並列，充分體現對教師的尊重。史上第一位推動民間辦學的就是孔子，他也因此被冠上「至聖先師」的美名。以孔子為首的儒家思想強調禮樂教化，用以安頓人間倫常。「五倫」的各安其位，無疑為後世提供了長治久安的具體方向，也為改朝換代治亂循環

設計出一套機制。

　　中國在秦代以前爲封建王朝，之後行集權帝制，至上世紀初民主革命始改稱共和。在帝制結束前的兩千五百年，朝政推行無不受到儒家「君君、臣臣；父父、子子」倫常影響。這其實是把君臣關係類比於父子關係，不得忤逆，否則就是犯上。儒家思想長期以來受到統治者重視，與此等忠君孝親思想的提倡不無關係。相形之下，道家那種小國寡民、自然無爲的心態，恐怕就得不到執政者的青睞了。儒家思想講究「內聖外王」，即把個體的道德實踐延伸到群體的治理活動上，以造就「聖君」。妙的是此一目標竟是道家爲儒家所貼上的標籤，二家自始便分分合合、恩恩怨怨；像《史記》載有孔子問學於老子，而《莊子》一書則隨處可見對儒者的揶揄。時至今日，聖君理想早已成明日黃花，在民主法治下的政治體制基本上全盤西化，再奢談內聖外王，只會讓人認爲不知今夕是何夕。

　　雖然過去認同中華文化的總統還會去祭孔，但君臣父子那一套可謂不切實際。不過我們也不能據此將儒家拋在腦後，畢竟數千年潛移默化，它早已內化於人心，成爲華人日常生活的準繩，孝順父母的道德規範便是一例。說儒家思想乃是廣大華人的人生信念並不爲過，其地位一如基督宗教對西方社會的影響。既然如此，新生死學通過新生命教育希望自度度人安身與了生之道，就必須重視儒家長期存在的價值，並且應積極促成其與時俱進、推陳出新，用以造福人群社會，使之永續發展。但話說回來，生死議題只觸及儒家肯定難以到位，因爲孔子本人就不願多談死亡，而中國生死學的開創者則是道家莊子。所以新生死學的恰當進路乃是儒道融通，尤其要對「心性體認本位」的生命學多予重視和彰顯。不過根據傅偉勳的說法，心性體認生命學不應只講道家，更要兼及佛家禪宗才是。

4.佛　家

　　嚴格說來，佛家思想跟西方哲學一樣，都是來自中土以西的產物，佛教更希望接引世人前往「西方」極樂世界。新生死學雖然主張「儒道融通」，但也樂見「儒道佛三家會通」，畢竟漢化的佛家早已成為中土文化三大支柱之一。提起學問上的「三家會通」，就不能不想到百姓心目中的「三教合一」，但是「三教」的發展其實大異其趣。其中「佛教─佛學─佛法」可謂三位一體，但道教與道家則小同大異且若即若離，至於把儒家打造成儒教雖至今仍見卻可有可無。這是因為中國佛家終究源於印度佛教，既是宗教必有教義宣揚和儀式操作，只不過東傳與南傳各有千秋。本土佛教的佛學教義發展出「七顯一密」，其中禪宗標榜「教外別傳，不立文字，明心見性」頗見另類巧思，適足以跟莊子以降的「心性體認本位」思想合流，這也是為什麼傅偉勳在生命學上要特別推崇禪宗的原因。

　　中土思想自古即有「九流十家」的分判，要列入其中並不簡單，起碼得「成一家之言」。後來經過時間的洗禮，十家整合成「儒、道、墨、法」四大家，至今仍廣為流傳的只剩儒道二家。然而自西漢「罷百家獨尊儒術」以來，儒家登堂入室成為皇朝御用思想，道家則流入民間為之浮沉。但就在漢代出現佛教的傳入，其森嚴教團制度和精深教義思想竟然吸引廣大華人的矚目，從而蔚為流行。值得一提的是，在佛教傳入前，中土幾無有制度大規模的宗教活動，頂多只是陰陽五行占卜吉凶而已。但是看見外來的僧團制度不斷深入社會影響人心後，以「五術」為基礎並取材道家黃老思想的道教遂應運而生，且模仿佛教創立教團，日後形成的天師派與正一派便屬大宗。道教作為唯一源生自本土的宗教系統，因其有容乃大，足以跟佛教分庭抗禮，甚至產生嚴重的宗教衝突。

　　外來的佛教在中土發展非但不是平和順利，反而困難重重。這主要

是因爲僧團在許多地方扮演大地主的角色，遂產生收租納賦及資源分配
的問題，有機會讓道教團體趁虛而入。我曾親眼所見，便知此言不虛。
回想多年前曾到四川青城山旅遊；該處爲道教聖地，沿途見許多道觀，
多有一千四、五百年歷史。仔細觀察下，竟然發現它們原先都是佛寺，
卻在唐代武宗排佛令僧人還俗後，將空門交給道士經營。唐代宗室姓
李，皇家有意跟老子李耳攀親帶故，而道教又推崇老子爲太上老君，終
於出現揚道排佛之舉。這當然是教團的爭執，並不損及佛學思想的紮根
與深化。禪宗自唐宋以後成爲顯學，傅偉勳分析道：「**莊子是心性體認
本位的中國生死學的開創者，此一生死學後來由禪宗繼承，並獲更進一
步的發展，影響及宋明理學家們對於生死問題的認眞關注。**」

5.道　家

　　佛學之於佛教，一如神學之於基督宗教，主要通過建立特定的天
人觀解來勸人信教，是爲宗教信仰服務的意識型態。話雖如此，但無論
佛學還是神學，都有其學術和知識上的深度，不容小覷。記得大一入學
時，神父系主任很有自信地宣稱「科學的終點是哲學的起點，哲學的終
點是神學的起點」，令我們這些後生小輩肅然起敬，至今未曾忘懷。
後來進碩士班，修了一門「《聖經》研究」課，教授爲神學院院長，在
天主光照和院長善誘下，我很用心地寫出一篇研究〈約伯書〉的期末報
告，未料大獲激賞，甚至拿到《輔仁神學論集》上去刊登，意外成爲此
生頭一篇正式刊出的學術研究論文。至於佛學，我也曾在報端撰文就
《心經》進行常識性解讀；但是對於深似海的佛教典籍，卻只能望而興
嘆且敬而遠之了。我的專攻是科學哲學，對於宗教是門外漢，但始終
不失好奇心。

　　反身而誠，我確認自己很有「宗教感」，雖曾一度自認因緣俱足而
皈依受戒，但事過境遷便毅然斷捨離，不再回首。我不信教卻樂於欣賞
別人的虔信，視之爲審美對象。至於各教派的宏大道理則不追究，畢竟

信不信由人是件神祕且沒道理的事情。沒有宗教信仰不表示我沒有人生信念，自從考大學前夕讀到林語堂《生活的藝術》，便有種醍醐灌頂、如獲至寶的感覺。該書充滿道家風味，頗似性靈小品，讀來令人心曠神怡，頓掃聯考壓力。一如他在扉頁引用張潮《幽夢影》中「能閒世人之所忙者，方能忙世人之所閒」之句，更令人拍案叫絕，痛快淋漓。直到多年後我才突然領悟，高中教育被《中國文化基本教材》內的儒家經典道貌岸然弄得興致全失，驀然間意外接觸道家的浪漫氣息，發現簡直天壤之別，深感總算找到了自己的「本真」，遂一往情深浪漫下去。

　　讓人得以「反璞歸真、回歸自然」是道家思想的最大吸引力，更對新生死學的建構產生相當積極的作用。「自然」一辭自古有之，老子講「人法地、地法天、天法道、道法自然」，就把「自然」的境界抬舉到極致。西方人看“nature”即指森羅萬象的「大自然」，而大寫的“Nature”更意味「自然神」。相反地，華人心目中的「自然」主要表示「自然而然」、「順乎自然」的意思，直到日本人於維新後用漢字「自然」去翻譯“nature”，再把此一用法傳回中國，我們才逐漸瞭解洋人的觀點。此一考據可見於楊儒賓所編《自然概念史論》，也算是增添新知。新生死學教人以了生脫死，希望推廣「應盡便須盡」以及「環保自然葬」兩大觀念，以避免苟延殘喘和破壞生態。本節從虛無及實用立場一路講到儒佛道，目的是對新生死學理念基礎「後科學人文自然主義」加以詮釋，以落實「大智教化」。

6.大　智

　　也許可以這麼說，新生死學在生命學問的提倡上，主要工作就是推動「大智教化」。近年來我不斷在重申，大智教化就是官方生命教育的民間版、成人版、擴充版與升級版；我雖然不斷對生命教育加以批判，但並非否定它，而是希望它能夠更上層樓、精益求精、止於至善。近年我逐漸感受到，生命教育推動至今已近四分之一世紀，主事者和護持者

皆表現出擇善固執的用心,頗見「雖千萬人吾往矣」的氣勢,不禁令人敬佩。也因此我嘗試改變策略,進行市場區隔,走向成人尤其是教師的生命教育上,對此我稱之為「大智教化」,亦即對古今中外聖賢才智有關生老病死的大智大慧加以融匯貫通,以從事社會和自我的教化。教化與教育不同之處在於前者的隨緣流轉,以相對於後者的制度化要求。花甲耳順之年自願從體制內離退後,我就展開自度度人的大智教化至今。

大智教化在於推廣宣揚反諷式擬似宗教的大智教,離退近七年間我對此已出版五書,眼前是第六種。之所以不厭其煩甚至畫蛇添足地描繪大智教的意象,無非是希望從不同視角加以呈現,讓人們得見其全貌。但這終究是件吃力不討好的事情,尤其是我也想「傳教」;但此教似乎平淡無奇,完全沒有吸引人之處。弔詭的地方正在此點,我想宣揚的其實是人們內心中大多已經具備的「常識」,也就是「一般見識」。但既為一般見識,又何必重複再三呢?理由就在於人們往往視而不見、聽而不聞,甚至對常識之見嗤之以鼻,而以為各式各樣的宗教信仰才是真知卓見,值得一信。我祝福早已胸有成竹的教派信眾,但相信沒有明確信仰的人心中,仍然存在著極為寬廣的發揮空間。以常識之見讓無信仰者反璞歸真,尋得自我貞定的人生信念,正是大智教化的策略目標。

全球八十億人口中,有宗教信仰者不在少數,光是基督宗教便佔去二十幾億,其餘伊斯蘭教、印度教、佛教同樣屬於大宗。但居於地球人口近五分之一的兩岸四地華人圈,卻是胡適、馮友蘭、梁漱溟等大學者心目中「沒有宗教信仰的民族」。不信教不見得沒有信仰,這包括不歸任何教團的民俗信仰,以及自我貞定的人生信念,大智教的理想對象即為後者。用最簡單的話講,自我貞定便是「相信自己的世界觀和人生觀,用以完善待人處事之道」。而指點人們找出適切世界觀與人生觀,正是哲學諮商的專業工作,此與大智教化有異曲同工之妙。大智教有一整套理念與實務,我已寫成十五萬言《新生命教育》於2019年秋天出版問世,值得參考。但那是以十二篇的萬字以上論文形式呈現,主要用於授課與研討,讀來不易,因此乃有本書《新生死學》「接著講」(馮友

蘭語），相對平易矣。

四、生命情調

1.抉　擇

　　我一生好讀書不求甚解，涉獵雜沓卻無一專精；人家稱我爲學者專家，我卻自我調侃爲思者雜家。我喜歡胡思亂想，沒想到竟然靠著「我思」成爲大學教師度過大半生。任教至今長達三十七載，由於當過生死學研究所創所所長，別人遂以此道專家視之，我立即揮手敬謝不敏，並謂尚未大去，沒資格當專家。認眞地看，此事的確爲一大弔詭；想想談生論死卻沒有大死一番的經歷，豈不是跟宗教學者不信教一樣令人困惑。結果這兩項弔詭我幾乎都碰過：以平淡無奇的人生經驗大談生死，只好去安寧病房當志工補課；創設宗教所並受邀當所長，結果自知難以勝任而推辭。而這一切奇妙際遇，都是我拿到哲學博士卻無法在本行內安身立命，只好到處「花果飄零，靈根自植」（唐君毅語）的結果。它創造並體現出「生命情調的抉擇」，一路種因，終於有了今日之果。

　　「生命情調的抉擇」是新儒家學者劉述先的名句，他並據此撰成一書，我於大三時讀到頗有所感，遂於冥冥中影響著自己的人生步調。說來巧合，劉述先與傅偉勳既爲臺大哲學系先後期同學，更是睡上下舖的室友；傅老係我的忘年知遇，劉老則有數面之緣，包括他去世前一道在深圳開會喝紅酒並合影。不回想也許早已忘卻，劉述先另一部大作《新時代哲學的信念與方法》竟意外地深深影響及我的治學道路和生涯發展。因爲他在書中開宗明義便對「科學的哲學」與「科學底哲學」作出言簡意賅的區分；前者乃是迷信科學的玄思，後者則爲對科學本身進行全方位探究的哲理。當時我剛考上碩士班，且深信科學的實證唯物性

質，卻在前輩一針見血的分判下，逐漸揚棄偏見，進而踏上「科學底哲學」研究途徑，一路做到教授。

　　到如今我不得不相信，走上生死學與生命教育的教學研究之路，正是我在事業起步時「生命情調的抉擇」之體現。因為我雖然基於對「人生意義」感到疑惑而投身哲學，一開始卻為學院教育「玄之又玄、不知所云」的內容大為困擾，乃試圖改弦更張去接觸發現「生命奧祕」的生物學。在輔仁空前絕後唯一選生物輔系的我，日後從生物哲學、物理哲學、護理哲學的研究，一路走向生命倫理、生死關懷、生命教育的教學，似乎巧妙呈現出「吾道一以貫之」，其實那只是不斷碰壁而「嘗試錯誤」的結果。但往深一層看，這些知識學問也的確跟我的生命情調彼此呼應，息息相關。我那無可救藥的世俗道家性格，從「吾十有五而志於學」便深埋我心，以致在高中時通過對「道家—禪宗—存在主義」三位一體的嚮往而步入哲學。這是受到道家學者陳鼓應的影響，則屬另外一段故事了。

2.常　識

　　我因為「不求甚解」，所以對普及卻不深入的「常識」有所認同，同時對不著邊際的「知識」敬而遠之，但最終仍期待能夠殊途同歸地擁抱「智慧」。經歷超過半世紀的「愛智」歷程，我確信當初的直覺沒有錯，常識仍然是最為適當的學術起點。這並非天馬行空的空穴來風，事實上「常識」一科正是我小學初年級的三大入門課程之一，其餘「國語」跟「算術」都屬於學習工具。「常識」課到了中高年級分成「自然」與「社會」課，上了中學再細分為「物理、化學、生物」和「歷史、地理、公民」兩大學群，再加上語文及藝術課，便等於人類三大知識領域的微型。如此看來，能夠說常識的奠基工作不重要嗎？這並非我認同常識的唯一根據，在博士研究期間所接觸到的波普「常識實在論」，正是日後走向生命學問自我貞定的方便法門，從此可以無後顧之

憂地「我手寫我心」了。

　　我雖然是「純種」的哲學學者，且涉足愛智之學超過半個世紀，但我始終對西方哲學看重邏輯論證和思辨表述的作法持保留態度。偏偏這兩大訴求是哲學的基本功，我自覺力有所不逮，遂與之漸行漸遠並另謀出路；另類的新生死學與新生命教育，正是我困而學之後的心智成果。另類治學受惠於後現代主義，像提倡「關懷倫理」的女性主義教育哲學家諾丁，便主張應該把情意感受提昇至與思辨論證平起平坐的角色。我曾受到她的重大啓發，就仿效其《教育哲學》的寫作形式與風格，撰成同名著作，並冠以「華人應用哲學取向」的副題，用以標榜另類哲思的途徑。應用哲學不似基本哲學重視本體論與認識論，而以價值論為重心，尤其是應用倫理學和人生美學。此一路線不是由上而下的思辨架構，而是由下而上的常識積累，「常識實在論」遂為我所肯定，並據以建構新生死學。

　　由下而上的常識積累是從日常生活出發，向實在世界求緣，不尚空談，更避免玄思；羅蒂的新實用主義便具此特色，我所提倡的華人應用哲學同樣朝此看齊。常識之見看似稀鬆平常，其實大多禁得起考驗，而且歷久彌新，像「人死如燈滅」之說便屬之。此一成語源自東漢唯物思想家王充的詩句：「人死如燈滅，恰似湯潑雪；若問還魂轉，海底撈明月。」這明顯是對嚮往「人死魂不滅」的當頭棒喝。而且進一步想，死後留個鬼魂到處飄泊，不能吃喝拉撒睡，究竟有何意義？而常識對此卻可以退一步看，將「靈魂不滅」隱喻式地想像成「精神不朽」，遂不失啓發作用。像我著書立說四十載，至今已得三十二部著作，筆下則為第三十三種；即使不想到「立言以不朽」，仍足以樂在其中。再說如今資訊科技發達，隻字片語或可留存百年甚至千年；想到後世還可能有人閱讀，便寫作不輟矣。

3.知　識

在一個大力宣揚「知識經濟」已來臨、「知識管理」要落實的時代，人們大多會想起近代哲學家培根「知識就是力量」的信念，或許還有人知道當代思想家傅柯指出「知識—權力」複合結構的慧見，但無論如何，沒有人會對求知一事掉以輕心，從而重視各類教育活動。沒有錯，學校能夠教的正是知識，也只有知識；當源於常識的知識要轉化為智慧，就必須靠各人的潛移默化了。知識起因於認識或認知，這其實代表先後兩回事；先有人心認識內外事物的過程，再將認知所得凝聚為知識。哲學可大致分為本體論、認識論、價值論三方面，其中認識論包括理則學和知識學；理則學就是講究思維方法的小邏輯，知識學則被視為後設地批判知識的大邏輯。知識乃是有系統且能夠清楚表達的認知內容，其前身為尚未構成系統的資訊，以及更零碎的資料，三者可視為連續統。

在現今智育當道、科技掛帥的社會裏，許多人一聞及知識往往立即聯想到科學技術方面去，這其實自古已然，無可厚非。古希臘以客觀的科學代表真知，主觀的看法充其量只算意見。這種分判高下的偏見，多少反映出人心的罣礙，誤認為天道代表真理，人事則屬不確定的渾沌狀態。這當然有幾分道理，但並不足分出高下；天道固然能夠形成知識，人事卻反映出常識與智慧的彌足珍貴。我曾撰有《從常識到智慧》一書，即以四十篇小品文章表達此點。生命情調的抉擇可以參考資訊或知識，但最後決定還是落在本身的智慧判斷。生死抉擇尤其如此，醫學與醫學倫理或生命倫理的差異即在此。當醫師根據經驗告知患者預後不佳，要不要繼續醫治則有待病患和家屬的週全判斷。這並非指知識不重要，而是指出它所具有通往智慧的中介價值，但並不能取代智慧判斷。

「常識—知識—智慧」三部曲的最佳註腳或詮釋，可見於宋代青原惟信禪師的著名公案：「老僧三十年前未參禪時，見山是山，見水是

水；及至後來親見知識，有個入處，見山不是山，見水不是水；如今得個休歇處，依前見山祇是山，見水祇是水。」這裏反映出「感性—理性—悟性」的連續統作用，在不同階段產生不同效應。值得一提的是，其中「親見知識」一語，指的正是「師父引進門，修行在各人」，巧妙地呼應了求知與受教的緊密關聯性。不過受到禪宗影響的英國分析及語言哲學家維根斯坦卻表示，自己說的固然重要，但真正重要的則是沒有說出來那部分。這分明是指有些道理「盡在不言中」。他據此反對哲學家「好為人師」，因為明明沒啥好說的，上了講臺卻必須說出一大套連自己也不相信的歪理。有此警惕，我遂謹記「**我教皆我信**」、「**我手寫我心**」的原則行事。

4.智　慧

「大智教化」即指有關安身與了生的大智大慧之社會及自我教化，此一大智慧係相對於小聰明而言，乃古今中外聖賢才智的心血結晶，包括宏觀的國族認同與微觀的安身了生。我對此已撰成《新生命教育》一書，以十二章篇幅次第舖陳「新人生、人生義理、人生意理、人生大用」四大主題。提起「智慧」二字，在現今最常聽聞的便是「智慧型手機」及「人工智慧」等語詞，雖然頗見先進時髦，但在我看來，卻不免有所誤導，還是對岸所採用的「智能」二字堪稱到位。蓋此一說法乃是外來語之翻譯，手機或機器人無疑提供了現代人許多方便甚至大量福祉，但它只不過是使用了「智能」，並非彰顯出「智慧」。前者可作出快速邏輯運算，後者則屬於全方位把握的心領神會；二者在層次上有著極大差異，著實不宜混為一談。

舉例來說，新聞偶見報導深諳資訊工具的專家用五鬼搬運法盜用公款，彷彿神不知鬼不覺，遂標榜為「智慧型犯罪」。這實在是重大誤導，道理明顯可見，一看便知，因為真有智慧的人就會產生自知之明，肯定不會動歪腦筋。此等情況只不過是私心作祟下運用小聰明去犯

法，一旦東窗事發便後悔莫及。從比較觀點看，聰明才智可以讓一個人
懂得妥善安排生活作息，少走一些冤枉路；相形之下，大智大慧的作用
則是去奠定人生大方向，以免走偏。記得當年在政大念企管所的時候，
教「策略管理」的司徒達賢教授用兩句話一針見血地指出二者的不同：
「在決定要『如何做好一件事』之前，必須先決定『哪一件事才是真
正值得投入的重點』，這即所謂 "do the thing right" 和 "do the right
thing" 二者的差別。」生命情調的抉擇當作如是觀，妥善做出人生策
略規劃，以免白白浪費生命。

　　學校生命教育曾把生死課題納入其中，希望未成年人懂得珍惜愛護
並規劃生命，進而永續發展。對此我從善如流，樂於將新生死學列為新
生命教育或大智教化的重要環節，至少在微觀的個人層面提出建言，以
文會友，善結有緣人。我持續著書立說，有四書標幟「華人應用哲學取
向」，跨度長達十六年至今，足見吾道一以貫之。究竟「吾道」所貫澈
的義理與意理為何？「後科學人文自然主義華人應用哲學」是也。此一
哲學立場簡稱「天然論義理學」或「天然哲」，就是在後現代多元社會
裏，探後科學立場批判地善用科技，以有效作出生活中「事實認定」；
同時於「價值判斷」上秉持民族文化精神將「儒道融通」視為核心價值
與人生信念。這是一套自我貞定的自家本事與修養工夫，需要大智大慧
作出存在抉擇；例如相信醫療科技，同時把握「應盡便須盡」的時機，
以免活受罪。

5.性　靈

　　「靈性即性靈」屬於相當本土化的生命情調之抉擇，「本土」乃指
中華文化底蘊，此與劃地自限的「在地」完全不站在同一層次。這是國
族認同的原則和底線，於臺澎境內被政客操弄「去中化」之後已變得模
糊，倒是金馬地區不為所動。說民族大義太沉重，但是在中華民國領土
上，絕大多數都歸漢人後代；我則稍有不同，祖先來自蒙古，因與漢人

通婚而漢化，「鈕」字乃皇帝所賜之漢姓。不過由安土重遷的漢族所創立的傳統文化有容乃大，歷史上多次異族入主中土，到頭來皆被大幅漢化，於今始有「中華文化」之統稱。中華文化千百年來持續影響著華人生活的各方面。在思想文化方面，清代將古老典籍分為「經、史、子、集」的「四部」，基本上成為讀書人自幼及長學習的基本內容。「四部」到上世紀被「文、法、商、理、工、醫、農」之「七學」所取代，構成今日大學的學院架構。

　　古典「四部」以經學為首，此乃儒家經典之學，相當於今日所說的「國學」。由於儒家思想自漢代走向「陽儒陰法」後，很適於為統治階層服務，因此長期被定於一尊而成為官學，後代士子想「學而優則仕」，大多得通過以儒家經典為範圍的科舉考試方能為官。科舉雖為隋唐以後的選才制度，但自漢代以降文人就要立志做儒者，不過有些頗具「性靈」才情的士人，多少都有一副道家的靈魂，大智教化最為推崇的陶淵明、白居易、蘇東坡無一例外。「性靈派」的文學創作風格由晚明「公安三袁」發揚光大，三兄弟皆考取進士在朝為官，卻對三位古人相當認同；像長兄袁宗道自號「白蘇居士」，書房稱「白蘇齋」，出書亦題為《白蘇齋類集》。此外林語堂更評價說：「有人說蘇東坡是莊子或陶淵明轉世的，袁中郎是蘇東坡轉世的。」袁中郎便是袁宗道二弟袁宏道。

　　袁宏道是三兄弟最有才情者，為後世所推崇。他曾擔任蘇州府下轄的吳縣縣令，是一個人人稱羨的富裕縣治地方官，他卻幹得苦不堪言，到頭來請辭七次終於獲准。這是因為官場氣息跟個人心性太不相應，唯有一走了之。中郎在文學史上以性靈小品著稱，且看他如何描繪自己的「人在江湖，身不由己」：「弟作令備極醜態，不可名狀。大約遇上官則奴，候過客則妓，治錢谷則倉老人，諭百姓則保山婆。一日之間，百暖百寒，乍陰乍陽，人間惡趣，令一身嘗盡矣。苦哉！毒哉！」堂堂一介縣太爺父母官，竟為文把自己形容得一文不值，可謂千古奇文與奇聞，也讓後人看見性靈書寫下的真性情之流露，堪與陶淵明「不為五斗

米折腰」相呼應。當然在經濟考量下，做人也不能太瀟灑，以免朝不保夕，無以爲繼。史上性靈爲官最成功者當推白居易，他的「中隱」之道於今可謂「中確幸」。

6.圓　神

寫到上篇〈知道〉末帖，我嘗試把自己領悟知道的生死智慧說與有緣人聽。人終不免一死，但絕大多數人都不喜歡直接提及「死」，乃有「走了」、「大去」、「往生」、「圓寂」、「蒙主寵召」等等替代說法，我也心有戚戚焉，突然想到「圓神」一辭同樣受用，頓覺道喜充滿。我雖然不相信「靈魂」不滅爲事實，但樂於接受用一些類比的詞彙去呼應它，以創造美感效果，「神識」便是很好的形容。「形神」相對之說可類比解釋爲「肉體與靈魂」，陶淵明甚至增添了一個角色，以〈形影神〉爲題寫出千古流傳的組詩；其中「縱浪大化中，不喜亦不懼；應盡便須盡，無復獨多慮」之句，在我看來恰可作爲新生死學理念篇的最佳詮釋。該詩分三組，分別爲「形贈影」、「影答形」及「神釋」；神靈跳出來調解形影之辯，而以上述四句教收尾，可謂千古絕唱。

陶淵明寫作此詩的用意，其實在於以儒道融通現世主義的胸襟，去拒斥佛教和道教對於生死的虛妄許諾。許諾或信諾正是所有宗教的特徵，試圖爲生死三問的前二者提供解答：「我從那裏來？我往那裏去？」但因爲各教派對生前死後的根本說法不同，到頭來終究莫衷一是。儒道二家的現世主義根本不想在這類問題上白費心思，而是針對最重要的一問作出回應：「活在當下如何安身立命、了生脫死？」本書下篇〈行動〉便對此多所發揮。人死不可怕，不死才可怕；永生綿綿無絕期，所有人生的義意和價值都將被稀釋得無影無蹤。講授生死學四分之一世紀，從甫入中年到幽幽入老，原本紙上談兵的書本知識，終於化爲生死攸關的生命學問。開啓大智教化自度度人，正是自我貞定下的自家

本事。反思再三，我大致上已不怕死，但是怕痛；一想就痛，亟思解脫之道，安樂死遂列入考慮。

　　記得當生死所長時，有天一時興起，請首屆十五名研究生寫下心目中最理想的死亡狀態，標準答案不意外地正是「無疾而終，壽終正寢」，但這卻是多麼可遇不可求的結局。其實也不是沒有可能，老母九二壽終內寢，沒啥大病痛，純粹油盡燈枯。對此我幾乎毫無悲傷之情，卻有強烈失落之感。如今想來，她老人家的確可視為「圓神」；去世之前神識仍清，一旦辭世可謂圓滿，夫復何求？若問對自己的圓神有何打算？很難打算，想法倒有，或說是癡人說夢。我輩平均餘命已超過八十，花甲離退見年金給付載明至八十三，但如今我只想活至七十有六。說迷信也好，因為我發現七十六歲那年的陽曆跟陰曆生辰為同一天，心想這是多麼圓滿又圓融的日子，不選這一天圓神豈不太可惜？可惜真不知道會活至何時，若活過頭卻病懨懨，就把安樂死當作備案吧！

下篇

行　動

參

關　懷

一、關懷倫理

1.倫　理

　　我寫這部《新生死學》是對已經擁有二十七年歷史的既有生死學之回顧與前瞻，下筆之前反思再三，究竟要寫成教科書還是隨筆，終究還是隨緣流轉寫成後者，以利大智教化。我於2013年提早離退，然後幫一度服務過的南華大學校長龔鵬程去四川成都主持都江堰國學院，又稱岷江書院。那是一所仿效傳統書院而設計的民間教學場所，座落於當地孔廟內，每天在暮鼓晨鐘的氛圍下吃香喝辣，倒也樂在其中。但是民間辦學在大陸必須自力更生，到頭來終於了不了之；不過有此閱歷，令我興起創辦網路虛擬書院的念頭。「大智教化院」在次年應運而生，持續貼文至今已多達數百篇，不下五十萬言，幾乎將我的相關作品全部轉成電子書，無形中擴大了閱讀市場。本書隨興而寫，同樣可以網誌形式呈現。新生死學分知行二端，以生命和關懷爲核心價值，本帖即爲關懷實踐行動起手式。

　　我對關懷的正視與重視，來自從事護理哲學研究時，所接觸到的女性主義觀點與立場；其中一派「立場論」堅持女男有別，必須清楚分判，不能混爲一談。女性學者發現，此一分別在個體的想法及作法上都有可能出現重大差異，而且從小開始。其中最有名的研究來自哈佛大學教育學者吉利根，他發覺老師郭德堡的兒童道德發展理論有問題，乃通過另類研究提出極具深刻洞察力的結論。簡單地說，郭德堡把兒童當作均質的年齡層，其道德判斷可根據正義倫理觀加以分階段描述。吉利根的創意在於將兒童依性別區分，發現小男生和小女生在作實際選擇時，竟出現巧妙的差異。例如十粒蘋果五人分，男孩傾向依公平原則一人

兩粒，女孩則想先瞭解爲什麼再決定如何分；倘若有人需要補充養分，多分幾粒亦無妨。此即倫理學中著名的「原則主義」與「脈絡主義」之爭。

　　倫理道德是各民族依其文化所發展出來的日常生活規範，久之便形成各種德行或戒律，例如華人的「四維」、「八德」或西方的「十誡」。既屬規範自當依原則行事，從而發展出原則主義；像生命倫理學及生死學所要求的四大原則：「自主、無傷、增益、公平」，早已寫入衛生保健和醫療照護專業教科書中。有原則可循固然是好，但應避免僵化，同時爲見機行事保留一定空間，後者即考慮事情發生的脈絡性。看重原則與考慮脈絡反映出不同類型的倫理學假定，前者稱「正義倫理」，後者爲「關懷倫理」；二者其實各有千秋，理當相輔相成、相得益彰。例如在衛生保健制度的政策制定上，宏觀的資源配置當然應該遵循分配正義原則，但是到了微觀的臨床情境中，因時因地制宜，以及少講理多抒情的作法，或許才是對病患的最佳福祉。

2.規　範

　　倫理道德一旦發展成規範，人們就必須照著辦，否則會被千夫所指，甚至觸法；像是虐待動物、攀折花木，以及缺乏公德心。道德規範可進一步通過立法以訂立罰則，在一般情況下，許多公共事務及機構大多訂有守則、原則、辦法、規定等，以示要求和約束。但是仔細考察，大大小小的各式規範並非放諸四海皆準，而是依恃各地區民族文化活動發展；例如日本人吃拉麵要大聲吸吮以示夠味，在西方人看來則爲不禮貌之舉。何謂「文化」？在西方這是概括「一個民族生活方式的全部」，於中土則體現「人文化成」的影響，後者即是通過儒家禮樂教化所安頓的人倫關係。中華文化因爲在儒家思想的內化下，早已形成一套獨到的生活型態，與中土以外各民族和國家不盡相同。比方西方人依原則行事而「異中求同」，華人則依「五倫」看情況而定以「同中存

異」。

　　認真想來，儒家「五倫」其實並非完全看情況而定，只不過必須先確認是屬於何等倫常，然後再依規範行事，例如「君臣有義、父子有親、夫婦有別、長幼有序、朋友有信」即屬之。說它是「同中存異」係指同一人得依關係對象維繫倫常，此與西方「異中求同」要求不同的人皆採相同原則行事，的確有所不同，也因此教育學者方志華要將儒家倫常跟關懷倫理作出對比以示共通之處。她發現二者至少有六點不謀而合：「皆以情意作爲道德的基礎、皆重視人際的關係脈絡、皆是通過涉身關係以貞定道德人格發展、皆重視發自內在的主觀情意力量、皆重視學習的自由與悅樂、皆在培養道德成熟的性情中人」。凡此種種，至少讓我們看見傳統儒家思想多少能與後現代關懷倫理相互呼應；而我更覺得是爲「五倫」注入新材料以及新動力的時機，那便是納入後現代意義下的道家思想。

　　倫理道德規範長久以來都是通過教育管道以落實，東西方皆然。德育在強調「五育並重」的我國雖居五育之首，實際執行起來仍力有所不逮；尤其教導些儒家式的道德規範效果不彰，久之遂爲生命教育所取代。考其原因，或許跟教育方法不到位有關。大陸學者譚維智對此提出另類見解，他於2011年出版《莊子道德教育減法思想研究》，發現「莊子對道德、道德教育的認識與傳統儒家思想截然不同（目前學校道德教育方法是受儒家思想傳統的影響）」，而「莊子思想的價值在於他的批判精神和否定性思維」，於是他主張「應該是『做減法』，而不是『做加法』，通過減損的方法去除對外物的欲望以及儒家的道德知識、倫理規範對人的影響，放棄對道德功利目的的追求，忘卻日常生活中積累的各種是非善惡的記憶，清除文明對於人的心靈的污染，復現人的素樸本性。」的確振聾啓聵。

3.正　義

　　儒家的「加法」德育雖然爲關懷倫理保留了對話空間，但若未融匯道家的「減法」德育，則它終究還是會被納入正義倫理陣營，而跟關懷倫理產生隔閡。這是因爲儒家喜用禮樂教化及「三綱八目」等規範去匡正人心，讓百姓遵守一定的德目以待人處事，這與西方的「德性論」倫理思想有著異曲同工之妙。「德性」顧名思義即是在人身上所發現的一系列善良本性，例如正直、誠實等，被哲學家提煉出來後便形成道德規範加以遵循而爲「德行」，其現代版乃是「品格」或「品德」。有意思的是，各式各樣的德性或德行、品格或品德，總是似有若無地反映出男性的陽剛觀點與立場，同時無形中排除了陰柔的女性特質，也因此古典的「德性論」會隨近代的「義務論」和「效益論」一併歸類爲「正義倫理」，以示其中的陽剛特徵。將男性價值普遍化讓人人遵守的情況，至二十世紀才面臨挑戰。

　　跟傳統「正義倫理」不同調的後現代「關懷倫理」，主要出自女性主義學者之手，自上世紀八零年代應運而生。女性主義雖然有自由與基進兩極派別，但其於人類文明史上的最大貢獻，便是促成世人的性別意識覺醒，以及積極消弭性別歧視。從常識角度看，人類社會的組成分子不是男性便是女性，且大多通過婚配結合而傳宗接代，在現代化的今天理當不應存在男尊女卑的歧視。但事實俱在，且不在少數；問題一方面出在經濟自主能力的差距，另一方面則來自根深柢固的刻板印象。反觀其他物種，當然也有雄性支配雌性的情況，但仍有反向分工，不一而足。換言之，性別歧視並非註定，而是可以通過人性自覺加以改善的。自覺的內容包括理性與感性二端，理性可秉持公平正義原則對待每一個體，感性則可強調兩性各自擁有好的特質，例如女性流露的關懷之情，足以發揚光大。

　　陰柔的關懷倫理並非跟陽剛的正義倫理勢不兩立，相反地是希望

彼此能夠相輔相成、相互輝映。像醫療資源分配當然得充分落實公平正義，然而一旦面對臨床決策，就必須盡量考慮個別差異下的關懷之情。記得我在當安寧志工時曾聞及，末期病人住滿十五天必須轉院，否則就失去健保給付必須自費，果真如此就太強人所難了。雖然我見到超過兩週的病患並不多，頂多三五天到一週便大去，因此沒有病床不足的問題。但是想起過去曾讀過一書《情深到來生》，介紹美國的安寧照護，人家可以一住半年，然後從容告別人間。相形之下，號稱亞洲第一的安寧志業，卻因為健保資源分配的公平正義考量，讓臨終病人難以好死善終，不免令人遺憾。不過再想到各大醫院急診室都人滿為患，有些病人竟在走廊長住，就不得不認為這已是普遍現象了。

4.關　懷

在任何關懷活動中，「臨終關懷」應該是跟生死學最貼近也是最相關的。此一用語源自大陸，主要即指安寧療護，如今已發展成一門專業，至少要受過相關訓練方能涉入。「臨終關懷」之說後來被國內引入並放大使用，不強調療護專業，而彰顯關懷之情，甚至被寫入〈殯葬管理條例〉中。「關懷」成為一套受人重視的價值體系和生活實踐，無疑要感謝女性主義關懷倫理學的形成，以及被護理界接納為專業價值與核心競爭力。關懷之情可再細分為「關心」與「照顧」兩方面，理想的醫療照護當然是既關心又照顧，起碼也要落實為醫師關心及護師照顧，倘若二者皆不到位，就不算在執行專業了。不過像護理專業這樣辛勤工作，其關懷之情與其說是專業要求，不如視為人性彰顯。護理工作的緣起正是充滿母性的家人照應，不分種族民族自古皆然，可見關懷比正義的歷史更為悠久。

我所建構的新生死學追隨新生命教育的腳步奉行大智教義，主張儒道融通，以利廣大華人安身立命與了生脫死。用類比的觀點看，強調道德規範的儒家思想還是比較接近正義倫理，倒是嚮往反璞歸真的道家途

徑容易貼近關懷倫理。再以前述道德教育在儒家是加法而在道家是減法的分判考量，人間社會不但要求「有爲」，更需要「無爲」。由於帝制時代的科舉取士歷經千餘年，有心此道的士子無不十年寒窗苦讀儒家經典，希望有朝一日金榜題名躋身官場，達到「內聖外王」的成功境界。這當然需要有一番作爲，尤其是胸懷服一人、十人甚至百千人之務。但是以天下爲己任的結果並不一定都會產生正面效果，由於好大喜功或人謀不臧等因素，導致天下大亂都有可能。像宋代變法弄得天怒人怨，最終不免動搖國本，反不若守成來得踏實。當時蘇東坡爲舊黨一員，曾爲文以「辨姦」，流傳千古。

　　國家治亂興衰，端看統治者是否能夠自覺有爲有守，執中道而行，無過與不及。說到政府治理，正義倫理中的「效益論」常常會被提及。它最早被譯爲「功利主義」，聞之十分功利，在儒家義利之辨下往往敬而遠之，這實在是非戰之罪。其實此一思想的原初目的，乃是希望爲大多數人爭取最大福祉，以利經世濟民、永續發展。但是當效益論爲資本主義收編服務後，爭取福祉的對象僅限於本國人民，因此可能造成以鄰爲壑，損人卻不見得利己。最佳例證在現今尤其明顯，那便是工業大國爲滿足就業及消費需求，往往過度生產而消耗浪費能源，結果導致環境污染，以及跨境的全球暖化。像美國爲顧及經濟發展於不墜，而拒絕接受國際共識下碳排放量的限制，就是缺乏同體共生的全人類關懷之情。由於道家思想主張自然無爲、爲而不有，可以視爲足以對治環境惡化的理念大加提倡。

5.仁　愛

　　新生死學以生命與關懷爲核心價值，前者對焦於生命學問尚屬中土觀點，後者來自於關懷倫理則歸西方論述，要將之本土化最好是銜接上傳統文化中爲華人所習知的生活德行，例如孝道、仁愛等。關懷的本質就是愛，在西方或在東方，無論小愛或大愛，其中情意的本質都一樣。

就人的「知情意行」而論，作為一種由「情感」和「意志」所觸發的愛之「行動」，在概念的「認知」上很難界定，比方說喜歡算不算愛？如果不摻雜情欲流動的因素，喜歡欣賞別人也算是愛；然而一旦扯上男女之情，二者當即明確分判。曾有美國心理學家製作了一份〈喜歡與愛量表〉，僅列十幾題，答以是或非，便足以判斷你對他或她究竟是喜歡還是愛。簡單的說，喜歡類似交朋友，你喜歡對方不會在意別人也欣賞他；愛則等於談戀愛，你愛對方絕對不樂意別人也愛上他。關鍵在於佔有欲的排他性。

愛情只涉及小我的關懷，較大層面的生死議題在傅偉勳筆下歸於「終極關懷」，生命教育亦作如是觀。此一觀點來自美國存在主義神學家田立克，他將了脫生死的希望寄託在宗教信仰的超越對象上，依西方文化不難理解。但是回到東方文化華人生活的脈絡中，我們的生死歸宿往往是內在而非超越的，像慎終追遠的倫理實踐，便體現出對家族和祖先的關懷與愛。其具象表徵乃是牌位，遠離家鄉什麼都可以割捨，祖先牌位卻無論如何都得帶著走，以示源遠流長及不忘本。這就是華人文化下的生死關懷之情愛，或者說仁愛，具有強烈倫常關係安頓的意義。《論語》記錄孔子言行，「仁」字出現次數極多，可見這是他心目中甚為重視的德行。「仁」字依字形可拆成「二人」，表示人際之間所流露的情感，反映一定人倫安頓旨趣。但人倫會出現「差等」之愛，跟「泛愛眾」理想有出入。

「差等」待下帖再論，現在只談「仁愛」的生死實踐之可能。西方關懷倫理若要運用在華人倫常脈絡中，儒家的仁愛觀可以作為適當銜接之處。尤其將「八目」視為人生發展階段，仁愛之情便足以通過其中由小愛發展為大愛。「八目」指「格物、致知、誠意、正心；修身、齊家、治國、平天下」的次第進程，我曾對此等傳統規範提出一套後現代詮釋。我主張將「格、致」及「誠、正」分別視為「道問學」和「尊德性」的「為學與做人」基本工夫，以落實「修身」的要求；而「修、齊、治、平」則分別代表對自己、家人、民族以及全人類的關愛，由小

至大，雖有差等但無所偏廢。我同時認為從「齊家」安頓一下子跳到「治國」理想，不免高遠且難以落實，不妨在其間納入「合群」一項以示「關懷社區、社群及社會」。「群學」即社會學，正好用於推己及人。

6. 差　等

　　愛有差等乃人之常情，在現實生活中隨處可見；凡是人多少都會有私心，要求完全公而忘私不免強人所難。新生命教育不希望像生命教育舊課綱之中所流露的曲高和寡，脫離現實，即使「談情說愛」也應該與時俱進。記得當初「性愛與婚姻倫理」一科，教人莫要有婚前性行為和墮胎，而跟高中生講這些規範性大道理可謂不知今夕是何夕，後來方知此乃出自天主教神父之手。宗教教誨對教內信眾宣揚無可厚非，納入教育政策推廣則有待商榷。墮胎固然有礙身心能免則免，但性愛關係在年輕人世界中幾乎已屬常態，教他們節育避孕之道才符合實際。新生死學紮根於荒謬虛無主義，立足於效益實用主義，秉持常識唯實主義著書立說，不尚空談。面對西方的關懷倫理與儒家的差等之愛，我認為不妨納入道家的反璞歸真，將關懷之情視為人性本真的自然流露，盡力而為，適可而止。

　　西方女性主義學者拈出關懷倫理道德之說，並非讓人以為這是必須善盡的義務責任，而是先讓人產生性別意識覺醒，再自我貞定本身的陰性特質與價值。畢竟女人懂得關心與照顧別人不足為奇，男人卻往往礙於刻板印象不願深情流露，難免錯失良機。說「大丈夫有淚不輕彈」是表示避免感情用事，並非為了面子或媚俗而壓抑真性情；分寸自己拿捏好，根本不成問題。前文曾提及美國教育學家吉利根的研究發現，在道德抉擇下小男生傾向公平正義，小女生反映關心照顧；但若將之視為本性如此便屬嚴重迷思，因為這極有可能是教出來的。就像諾貝爾科學獎得主女性極少，有人便認為女人不適合念科學，後來發現此乃認知偏

差，倘若提供更適性揚才的科學教育環境，則女生也會表現傑出。新生死學在樹立兩大核心價值時，將性別意識納入，適可作爲銜接理念與實踐的橋樑。

　　生命與關懷要得以彰顯，必須懂得盡情揮灑眞性情，更宜把握「執中道而行，無過與不及」的原則行事，如此方得「不逾矩」。詩云「東山飄雨西山晴，道是無晴卻有晴」，人是有情衆生之一屬，一生就在七情六欲五蘊中承受生死流轉，卻可以在死後遺愛人間。多年前我教通識課「愛情學」，曾提出「六情論」與「水火相容論」，指出生命需要綻放「熱情」，不足時也要常保「溫情」，以避免走向「寡情」甚至流於「無情」；但也要防止熱過頭出現「激情」，更應擺脫「濫情」的可能。至於人間情愛必須水火相容才安全，這就等於在提倡差等之愛，亦即清楚分辨關愛對象的親疏等級，以策安全。因爲熱情如火，一旦慾火上身便容易玉石俱焚，所以需要引水降溫；君子之交淡如水，但終究得不時保溫以免冷卻。水火相容要有容器隔離，發乎情止乎禮是也。溫情不等於溫情主義，必須明辨。

二、關懷實踐

1. 生　育

　　「關懷」作爲新生死學的「行動源」，係以關懷倫理爲依歸、爲支撐，從而落實於微觀的、專業的以及宏觀的活動中。現在先談最直接的關懷實踐，也就是在大多數人所選擇、所身處的家庭生活之內。儒家思想認爲人倫肇端於夫婦，且不孝有三無後爲大，這是指結婚生子乃天經地義的人生責任。不過時代畢竟不同了，如今連同志成家都已合法，兩性成婚和生兒育女的定義及意義皆被改寫，微觀面的關懷實踐只好走向

有容乃大的多元狀態。不過看大多數人的生活型態，結婚生子仍是主流選項，其餘頂客、單親及單身皆屬另類。在此我要承認，自己跟太太牽手三十五載，始終過著雙收入的頂客生活，衣食無缺，自由自在，幾乎毫無後顧之憂。我們雖無生育經驗，但是看見別人生兒育女備嘗辛苦，仍覺心有戚戚焉，也可以感受到關懷之情在親子關係上的重要作用。

　　猶記老蔣總統曾經講過兩句話，一度被貼在許多禮堂會場的兩側：「**生命的意義在創造宇宙繼起之生命，生活的目的在增進人類全體之生活。**」這兩句話淺顯易懂，前者指傳宗接代，後者講造福人群，都屬於個人的起碼責任。我對此雖無法完全達標，但也有機會實施替代方案；不願為人父母卻能為人師表，作育英才同樣足以造福人群。有趣的是，老同學步入各行各業者無不生兒育女，唯有在大學校園中碰到的博士同事，至少有四、五人立志當頂客族。書讀得多是否造成此等另類選擇？別人我不知道，自己的確如此。尤其當我在高中時代便接觸到叔本華，大受啟發從此終身受用；他不婚不生，我則幸運遇見不想生的女人而成婚。當關心照顧長輩的責任大部分完成後，夫妻二人只有相互關照的份兒。自始便不存在養兒防老的迷思，終究還是得面對老伴相互扶持的境況。

　　年少夫妻老來伴，至於有沒有後代都不能寄望被養生送死。傳統上子女都被道德規範必須養生送死或生養死葬，亦即報答上一代。但是時代變遷下需要與時俱進，我站在新生死學及新生命教育的立場上，必須點出「保存孝心、澹然孝行；維繫禮義、簡化禮儀」的新趨勢。尤其當「不孝有三無後為大」的責任早已變成明日黃花之際，決定生育子女與否已完全成為夫妻二人的私事，不容別人說三道四。生育是人生重大策略規劃，因為至少要把孩子關照到長大成人，算算就是二十年上下。值得注意的是，目前臺灣「少子化」現象在全球數一數二，有那麼多年輕人選擇不生，間接加速了「老齡化」的到來。行文至此，反思我們的頂客生活雖然為存在抉擇，但我還是願鼓勵別人生育，而且要生就生兩個。以兩個小的替換兩個老的相當公允，人口也不會大起大落，何樂而

不爲？

2.養　育

　　雖然在國內關注生死議題的學者來自不同領域學科，但在我的心目中，既有生死學還是歸於人文而非科學領域，而我所建構的新生死學更自視爲應用哲學的應用，以示理念與實踐相輔相成、相得益彰。哲學在西方爲「愛智之學」，於中土則屬「義理之學」，走思辨路線談玄說理無可厚非，更理所當然。但我從「吾十有五」自學哲理至今超過半世紀，始終覺得學院書齋哲學只是學者的心智活動產物，彼此以術語行話溝通，在外人看來不過觀念遊戲。對此我自忖才學不足以揮灑，且力有所不逮，乃另闢蹊徑，從冷門的科學哲學走向生命倫理，再及於生死學與生命教育，終於開出自家本事的大智教化。大智教化教人以安身與了生之道，這些都不脫日常生活而發。現代人的生活大多與家人相處，包括子女和父母；新生死學遂以關懷爲度，檢視相關處境並提出建言。

　　一般家庭多在傳宗接代的傳統下展開「生育—養育—教育」三部曲，我從年輕時便另類地選擇不生，但單身與否一度猶豫，所幸遇見同道而結爲連理，頂客三十五載不離不棄。必須承認我喜歡小貓小狗勝於小孩，或許我從未擺脫童騃。好在生涯發展成爲教師，以指引別人家的小孩安身與了生爲業，倒也漸入佳境且甘之如飴。近年有機會爲對岸高校開網路課程，對學家庭教育的社會人士講生命教育。選課的人多對幼教有興趣，讓我開始用心考察家庭與兒童教育之種種。相對於臺灣的少子化，大陸近年決定「全面開放二胎」，以終止實施三十多年的「計劃生育」。當初規定只生一胎是爲防止人口膨脹，如今看來效果不差；但是家中僅有一個娃，久之五倫中的「兄弟」倫便將斷線。茲事體大乃有亡羊補牢之舉，此事對臺灣人應有一定啓發。

　　嚴格說來我沒有太多資格討論養育的關懷之道，即使談也只是空談而非經驗之談。不過話說回來，一般說養育多指生養子女，但也可以擴

大解釋爲善養父母；然而父母不必及於「育」，而養育則有家庭教育需求在內。環顧現代社會的中產家庭，生兒育女大多在三至五歲以前自己帶，之後就進幼兒園上小學，開始過團體生活。少子化趨勢化的臺灣家庭，若只生一個則家教責任重大。因爲科學家發現「三歲看一生」並非空談，而是能夠科學實證，此即「印遺作用」。最有名的例證來自德國動物行爲學家勞倫茲，他發現小雞小鴨小鵝自破殼孵出那一刻，睜眼看見第一個會動的物體便緊緊追隨之。此事我有切身體驗，可見最初的學習印象對日後影響極大。由此觀之，孩子可以多關懷但不能太溺愛，還是要讓他或她在「嘗試錯誤」中學習成長，而非要什麼有什麼，以免永遠長不大。

3.長　照

　　把關懷實踐運用在子女的生育養育教育之上，再怎麼辛苦，前途還是充滿希望；相形之下，對於父母輩的老人長期照顧，則形成不確定的壓力，甚至產生家人的夢魘。爲改善現狀，衛生福利部近年提出「長照2.0」十年計畫，希望結合社區醫療照護網絡的力量，以減輕家庭照應的負擔。這無疑是一樁苦差事，但隨著臺灣由「高齡化社會」一步步走向「高齡社會」再到「超高齡社會」，關懷實踐也就有必要從微觀的家庭通過專業的醫護而達於宏觀的國家；也唯有經由政府訂定更爲週全的長照計畫，方能讓「老吾老以及人之老」的仁愛理想充分實現。超高齡的標準是法定老人達於總人口的兩成，我國將於2025年達標。一本於2015年出版的《2025無齡世代》在封面上寫下：「這不是一個世代能解決的問題，而是一整個世代的難題，你我都即將面對，我們該如何準備？」

　　新生死學若無法對此一難題發表意見，進一步讓大家集思廣益，則失去了建構的初衷。但是不同於《2025》一書的解藥是由醫學中心的高齡醫學主任醫師開出，新生死學的處方類似於哲學諮商，採取的是爲

長者及其家屬提供建立適性安養觀與餘生觀的參考意見。其實對此我也是不經一事不長一智地困而學之，因為有長輩分別住進「安養中心」和「養護中心」，我去探望後才發現二者的差異。簡單地說，安養機構進住尚未失能失智的長者，俗稱養老院或老人之家，最佳代表乃是桃園「長庚養生文化村」，人均消費大約三、四萬；而養護機構則收容失能及失智的患者，位於養生村對面的「長庚護理之家」即屬之，人均從七、八萬起跳。由此可見，老人家無論是安養或養護，都需要有一定經濟基礎。像養生村入住者多為領取年金的退休軍公教或返國定居的移民，一般人只能寄望政府了。

〈長期照護服務法〉已於2017年中正式上路，令全國八十多萬失能者家庭受惠。但是問題出在長照一起步只有靠五年百餘億基金支撐，不可能永續發展。於是政府還需要進一步通過立法，以類似全民健保加保方式推動〈長照保險法〉。長保繳費雖僅健保四分之一，卻仍要增加全民負擔，於是在立法上面臨瓶頸，至今難以突破。眼看再過幾年長照基金即將用盡，若無法開源，則任何良法美意也必須大打折扣。此一宏觀議題屬於公共事務，在此不予多談；新生死學對長照關懷可以做的事情，是推動未雨綢繆的心理建設，以利當事人與家屬作出更為週全的考量。我們所要推廣的正是「應盡便須盡」的理念，讓長者不但懂得交代「後事」，更要認情交代「前事」的重要與必要，例如預立指示以維護病人自主權益等等。若想避免陷入幾無生命品質的長照，趁清醒時明白交代才是上策。

4.失　智

雖然政府已為長照立法，但家家仍不免有本難念的經，對老齡關懷心有餘而力不足，甚至不時可聞「長照悲歌」傳出，值得新生死學反思再三。由於現今臺灣人平均餘命已高達八十，但是能夠自主健康生活的年齡卻只有七十二；換言之，每個老人多少都面臨八到十年接受長照的

風險，這可不是一段短時間。長期照顧原本只是各個家庭的沉重負擔，現在有了國家力量介入，啓動社區整體醫療網以落實居家或住院照顧。現代醫療雖然進步，但也將人類大幅「醫療化」，尤其是已開發國家民衆，從過去「生於家中、死在家中」的溫暖，轉變爲「生於醫院、死在醫院」的冰冷。在地民俗信仰還是希望能夠「壽終正寢」爲佳，於是便會出現電影「父後七日」中，將亡者送回家再宣布死亡的不得已情形。長照爲居家照顧提供助力，無論如何都是值得推廣的安養模式。

　　華人長期以來都有「家有一老，如有一寶」的理想觀念，但在現實中終究敵不過社會變遷所帶來的生活型態改變。尤其是都會區裏面「核心家庭」的形成，一個屋簷下只有上下兩代，中年父母和年輕子女共同生活，不住在一道的高堂長輩只好相濡以沫、自求多福。一旦生病住院，就可能出現「久病床頭無孝子」的窘況。老人身心衰退乃是自然現象，如果沒啥大病僅止於老化，算是有福氣的。比如我母親活至九十有二，只有心臟和腎臟方面的毛病，雖然出門需要輪椅，但無礙於她的能吃能喝。重點是她小小失能但不曾失智，這種人生終點稱得上理想，卻可遇不可求。一般長照所面臨的問題多爲失能，而失智則爲另外一回事。像我岳父九十歲中風臥床，起先只有失能，後來加上失智，拖了四年半才辭世。他住養護機構所費不貲，卻只算苟延殘喘；最終骨瘦如柴，斷氣代表解脫。

　　失智作爲一種疾病，至今無解藥，我看著岳父病情逐漸惡化，也只認爲是老病纏身的結果，並未深入瞭解是怎麼一回事。眞正面對失智的殘酷，還是看電影「我想念我自己」的深刻印象。片中主角是一位頗有學術地位的名校女教授，才五十出頭就出現早期性失智症，原因是遺傳自酗酒去世的父親，更嚴重的是她還遺傳給了自己的大女兒。電影由小說改編，故事出自神經科學家之手，跨度長達兩年，主角則爲心理學家。看著她一步步喪失自我，對學哲學的我衝擊十分巨大。心理學研究「人格」，哲學則思考「位格」，都必須追問「我是誰」的問題。片中出現主角看著電腦中自己在發病之初所錄下的影像，然後循著「過去的

我」指示「現在的我」去吞藥以尋求解脫卻功虧一簣，不禁令人扼腕。好在她還有一個孝順的小女兒，願意放棄演藝事業回家關心照顧她，總算有個不算太差的結局。

5.安　寧

　　人生不如意者雖不見得十之八九，總也有十之五六或十之四五。根據統計，臺灣人目前光是罹癌的比例已達百分之二十八，大家都必須做好居安思危的心理準備才是。癌症除非已進入末期，只剩數月可活，其餘若積極治療，且能度過兩年及五年兩道關卡，多活十幾二十年或不成問題。但無論如何人到頭來仍不免一死，面對好死或歹死，當然希望趨吉避凶、逢凶化吉，而非抱憾以終。不過「人算不如天算」，只能學習孔子「盡人事，聽天命」的教誨，盡力而為，適可而止，生死大事尤其當作如是觀。新生死學推廣大智教化，向古人借智慧，樹立儒道融通的價值觀，發現三位集儒道思想精華於一身的文學家陶淵明、白居易、蘇東坡，足以作為後人的表率標竿，乃樂於將他們作品中對於生死流轉的微言大義發揚光大，讓今人有所啟發進而躬行實踐。

　　對生路歷程的智慧觀解，陶淵明「縱浪大化中」固不必多言，白樂天亦有類似的感懷：「勢去未須悲，時來何足喜？寄言榮枯者，反復殊未已。」可與陶公的「不喜亦不懼」相互輝映。至蘇軾因為仰慕陶潛而寫了百餘首「和陶詩」以示效法，例如「仙山與佛國，終恐無是處；甚欲隨陶公，移家酒中住」之句，明白表示不受道佛二教吸引，而願留在人間瀟灑走一回。由此可見這三位精神不朽的偉大文人，對於世間肉身多抱「應盡便須盡，無復獨多慮」的務實態度，對後世的人們大有啟發。古時醫藥不若今日發達，對於人生告終之際，反而容易實現「應盡便須盡」。反觀現代人一旦住進醫院，卻很容易陷入求生不得、求死不能的苟延殘喘悲慘困境，亟待在生死觀上作出心理建設和精神武裝，用以居安思危、未雨綢繆。此等存在抉擇至少有二：安寧死與安樂死是

也。

　　安寧死即安寧療護，法規條例中稱作「安寧緩和醫療」；「緩和」指不做積極治療，採「醫療」而非「照顧」之說則爲提供健保給付的正當性。不過根據我在安寧病房擔任志工的經驗觀察，末期病患在其中實以照護爲主、醫療爲輔，畢竟已屬「不治」之症，不可療癒，多治無益。由於觀念推廣普及，加以醫院評鑑要求，如今國內大型醫院幾乎都設置有安寧病房，但是否眞正落實到位則爲另外一回事。因爲若從成本效益考量，開辦安寧服務非但不能獲利，還可能消耗更多人力資源；尤其是護理師、社工師、護佐、照顧服務員的運用，皆較一般病人爲甚。但是安寧所堅持的「全人、全家、全隊、全程」四全照顧，無疑是關懷實踐的眞正深化落實，值得大力推廣普及。不過話說回來，由於社會整體風氣仍趨保守，選擇走上安寧之途往往情非得已，甚至奄奄一息才進住，思路有待推陳出新。

6.安　樂

　　涉足並任教生死學長達四分之一世紀，我一直將安寧死與安樂死相提並論，甚至認爲足以相輔相成。這似乎犯了一些衛道之士的大忌，但我仍願擇善固執，全力宣揚，以彰顯各種存在抉擇的可能。仔細觀之，安樂死雖然在部分人心目中被視爲洪水猛獸，但提倡的呼籲卻不時此起彼落，甚至要求推動公投，已足以影響視聽，理當受到國人的正視與重視。或許是受到新聞媒體的推波助瀾，不久前著名作家瓊瑤爲其長期臥病昏迷的先生爭取安樂死，以及知名記者傅達仁遠赴瑞士完成解脫心願，都激起陣陣討論風潮。當然安樂死要順利施行勢必得經由立法程序，而全球已有十幾個國家地區通過立法，足見不是不能而是不爲。立法至少有兩種途徑，即由民意代表提案，或是由公民聯署立案投票；後者在國內已促成同志成家，於亞洲開風氣之先，沒有理由不尋求安樂死立法的可能。

　　反對將安樂死與安寧死相提並論的聲音多來自宗教界，有種理由係認為其違反自然，但同志成家又豈算得上自然？安寧療護最常強調「自然死」，以反對安樂處置的「人為死」；但人們也許不知道或已忘記，之所以採取「人為死」，是想早日結束某些「人為活」的痛不欲生。其實真正自然死乃是放任不管，就像日本電影「楢山節考」中，將老人拋棄山野令其自生自滅以減少人口壓力的習俗，再怎麼說也不人道。安寧服務其實還是使用有限的醫療介入，以進行疼痛管理，希望患者走得較平和。這乃是一種「尊嚴死」，是很好的良法美意，只要病患與家屬樂於進入安寧療程。但是倘若當事人及家屬都覺得不必活受罪，而選擇提早大去以保有僅存的一絲尊嚴，是否也值得列入選項加以考慮呢？我一直主張安樂死必須嚴格把關，而且盡量備而不用，但不應完全予以否決。

　　「安樂死」本為外來語，其原意為「好死善終」，但包括一定人為造作成分在內。此語於明治維新時代被日本人由西方引入，並引用孟子「死於安樂」的說法加以漢譯，從此流傳至今。傅偉勳認為此一譯法不到位，應改為「安易死」，但人們仍習慣舊說。歷史上提倡安樂死的著名人士包括哲學家培根、寫《烏托邦》的政治家莫爾，以及精神分析鼻祖佛洛伊德，可謂先見之明。無奈二戰期間納粹以此為名進行種族大屠殺，遂使之嚴重污名化，如今則大多以「尊嚴死」之名重出江湖。新生死學提倡關懷倫理實踐卻主張安樂死合法化，看似突兀其實不失人道。往深處看，此乃「死亡權利」的選擇與落實；人既然可以決定動物的安樂死，為何不能用在自己身上？這肯定需要深思熟慮，但在此時此刻卻不應該限制其討論空間，同時理當包容推動立法的可能才是。

三、關懷專業

1.醫　護

　　「關懷專業」是一組泛稱，指一些具備生死關懷用心的團體，其中有專業、半專業甚至非專業，但大多有助於當事人的生死抉擇，部分活動遂以「助人專業」為名。此處「專業」是指必須考授證照，醫療、護理、諮商、社工等都有一定難度，禮儀服務門檻較低，宗教及民俗信仰團體則隨緣隨喜。說「隨喜」是因為一些服務有償需付費，但至少殯葬業所提供的「後續關懷」理當完全歸於公益服務才是。論起專業資格，醫療的水平程度無疑最高，醫學系不但最難考取，而且得念七年，畢業還必須參加專門職業人員高考以取得證書方能執業，否則就成了密醫而觸法。但是醫師執業大多並非單獨一人，還有護理師跟其配套，這在診間、病房甚至手術室都看得見。如今已不培養高職畢業的護士，護理師至少大專程度且考得證書，跟醫師搭配為病患服務，而彼此的核心價值則形成優勢互補。

　　醫療重「療癒」，照護需「關懷」；醫師於診治病患後會持續「關心」也定時巡房，但真正直接「照顧」患者的仍為護師。雖然醫學生修業時間長，且擔任住院醫師養成期間也需要熬夜待命，然而一旦正式當上主治醫師，則身分地位等社會評價便不可同日而語。相形之下，護理師即使成為正職，仍必須三班輪流服務，可謂備極辛勞。根據長期統計資料顯示，國內衛生保健人力之中，護理人員幾乎佔去半數，但大多居於人力金字塔的底層，且多為女性，所受待遇難免不公。而因為工作辛勞，考取護理師的人數雖多，願意長期任職的卻不成比例，可說是流動性頗高的專業。但是為什麼仍有那麼多年輕女孩樂於投身其中，我想由

護理核心價值「關懷」所體現的「白衣天使」純潔崇高形象，或許居功不小，而事實也的確如此。

醫療與護理專業結伴而行，在「白色巨塔」中為病患服務，雖然受人尊敬，但仍難免會跟患者及家屬產生認知差距，影響醫病及護病關係的和諧，甚至出現醫療糾紛。尤其一旦生死決策有誤，或是治療照護閃失，導致病患死亡，家屬抬棺抗議的事情也不是沒有。那麼站在新生死學的立場，對醫護專業有何建言？我的構想是在專業關懷之內，盡量納入人文關懷精神，用平易近人的心胸和言語跟患者與家屬溝通。這其中牽涉的便是同理心，也就是同情共感的心境。畢竟幾乎人人都當過病患，且醫護人員也是人而非神，不可能「扮演上帝」。基於認知不對等，醫護人員最好學得捺住性子為患者提供最佳服務，而非僅止於在批量流程下照表操作。當然在現今繁忙且問題重重的醫療體制下也不能強人所難，但醫護人員若能在專業進修之中納入人文課程例如生死學，或許有助於改善現狀。

2.諮　商

「諮商」與「輔導」經常相提並論，二者也可視為相同專業；像國內專業團體稱「臺灣輔導與諮商學會」，由其所推動的專業證書則名為「諮商心理師」及「臨床心理師」。此二者都必須具備碩士資格方能報考，比同類型的助人專業「社會工作師」要求更高。我在考大學時除哲學系之外也考慮過心理系，因為高中時讀了一些心理書，從而發現精神分析直指人心的深不可測。當然那時我對哲學和心理學都是外行，但知道心理學相當晚近才從哲學分出，距我考大學還不足一百年。無奈心理系劃歸醫農為主的丙組，跟我報考的文科乙組相去甚遠；不過還是有機會沾上邊，因為教育心理系在乙組。當年只有師大和輔大有此系，我不想當公費生，就把輔大教心系填在哲學系前面；不料繳卷前隨手擦掉一題六分數學題，結果以五分之差與教心系失之交臂。

　　哲學系頭一年必修心理學，念些「精神、心靈、意識、行爲」等課題，感覺上比哲學的「地、水、火、風」有意思得多，乃下決心轉往教心系，又因爲審查時國文差一分而落空。雖然二度與之差肩而過，且我還另選生物系爲輔系，卻仍未忘情於心理學，就跑到對面大樓去選課。但教心系並非心理系，開課多屬應用心理學，遂讓我有緣接觸到人格、變態以及輔導諮商等課題，爲我自己的顛倒夢想疑難雜症尋求解藥和出困之路。輔大教心系後來兩度改名爲應用心理系及心理系，也從文學院劃歸歸理工學院又到社會科學院。至於我仍鍥而不捨由出困到出國，眞的去美國讀了一學期心理系，卻又因爲夜長夢多而放棄，半途而廢無功而返，在傳播界當小記者混了幾年，到頭來還是重拾哲學書本考取博士班，所幸四年下來順利學成，從此任教至今。

　　三十五歲那年進銘傳商專當副教授並兼行政職，整天在校任教和上班。當時全校皆爲女生，教師中博士不多，長官看我有高學位遂找我當兼職輔導教師，爲小女生開示解惑。當年輔導工作尚未有專業證照，且學生輔導也是教師職責之一，我遂以僅有的一些相關常識濫竽充數兩年，倒也可堪勝任。後來學校想擢升我爲輔導中心主任，我自知力有所不逮，不能再外行充內行便主動告一段落。不久專業制度實施，有一落日條款規定當過兩年輔導主任可直接報考心理師，思及不免悵然。更妙的事還在後頭，爲因應大學評鑑，我一度當上銘傳社會科學院院長，下轄教育心理系後改爲諮商心理系，主任很誠懇邀請我去教「生死學概論」。想我大半輩子哲學生涯還眞的跟心理諮商結下不解之緣，何不順勢在建構新生死學之際，將哲學諮商融入其中多所發揮呢？

3.社　工

　　作爲關懷專業之一的社工人員正式職稱爲「社會工作師」，要求社工系畢業方能報考。社工系以社會學爲基礎，但不等於社會系；早年輔大社會系下設社工組，後者與時俱進終於獨立爲社工系。社工人員作用

甚大,在社會各角落都看得見他們的身影;地方政府設有專門職位,相關機構也成立專業部門或單位。像我有四年獲聘為一公立區域醫院的醫學倫理委員,主事單位正是社工室。後來到一家醫學中心擔任近兩年志工,同樣受社工室指導。平心而論,我對社會工作所知甚少,但是醫倫委員和志工服務都必須定期開會或研習,有機會直接觀察社工部門的運作,以及接受專業人員的授課講習,多少也補充一些所知不足。此外近年因為政府在推動老人長照制度,將社區資源導入居家照護,護理師、社工師甚至心理師連袂走進社區與家庭的機會大增,百姓遂能充分感受他們的專業精神。

我初入醫院當志工,分配的是走動式服務,不需要太多特殊技能,有顆持之以恆的愛心和耐心便已足夠,社工人員僅負責督導而已。後來進一步接受安寧志工訓練,就直接在社工專業的指引下,進行小心謹慎的臨床服務。畢竟病患已進入臨終階段,不能有任何工作上的閃失;像我們為患者洗澡,必須極其注意以免骨折,因為癌細胞很容易轉移至骨骼。凡此種種,讓我在安寧病房內深刻體驗到「四全照顧」的真諦;其中「全人、全家、全程」固不待言,「全隊」所包括的醫師、護理師、社工師、心理師、宗教師,再加上志工,可謂陣容堅強,責任重大。不過由於安寧療護係由健保給付,也列為大型醫院評鑑項目,終究還是由醫師當家主導;少數醫院設置「緩和醫療科」,大多仍歸「家庭醫學科」。無論如何,安寧療護還是要讓病患覺得「賓至如歸」甚至「視死如歸」才算到位。

根據我有限的經驗發現,社工師和心理師所受訓練的內容以及執行專業的作法,有許多類似甚至重疊之處,彼此差異可能就在服務範圍與著眼用心之處有所不同而已。臺灣的輔導諮商與社會工作的專業活動大致上模仿美國,美國在上世紀五零年代特別將三門社會科學學科另行劃歸為「行為科學」,以示其研究焦點在人的行為;它們分別是關注個體的心理學、關注群體的社會學,以及關注族群的人類學。依此觀之,諮商及臨床心理師的服務項目多針對解決個人心理及行為適應問題,而社

會工作師則必須面對政策下或社區中的群體處境尋求解決之道，例如推動長照和關照遊民皆屬之。總之，在此等既繁忙且疏離的社會中，心理師與社工師兩大助人專業都在默默耕耘，以提供有效的關懷服務。新生死學不但給予高度肯定，更樂於積極對話，或許可以通過哲學諮商的平臺促成之。

4.禮　儀

　　說起禮儀服務專業的應運而生，乃是相當晚近的事情；勞動部及內政部分別頒授「喪禮服務技術士證」和「禮儀師證書」，歷史僅有十幾年，這使得一門古老行業在很短時間內脫胎換骨成為新興專業。不過必須說明的是，這些證書的取得門檻並不算高，更重要一點是尚未具備排他性，也就是說沒有證書照樣可以入行。如此一來在其他專業人士眼中便顯得不甚到位，充其量只能算是「半專業」。由於新生死學在發展過程中跟殯葬互動較多，淵源也較深，因此秉持有容乃大原則，肯定它已稱得上是另外一門「助人專業」，只不過轉型過程還在進行而已。「專業化」的要求來自西方，美國殯葬業由防腐技術起家，偏重「殮—殯—葬」產業價值鏈的首尾兩項，專業人員稱為「喪葬指導師」，中間殯儀那一塊則多交由宗教人士處理，彼此充分配合，為亡者的後事劃上完美的圓。

　　由於老父在美國去世，洋邦的喪葬殯儀服務我至少有一次機會從頭到尾接觸與觀察，不由得心生敬佩。因為人家的專業服務既能做到鉅細靡遺，更難能可貴的是恰到好處。將禮儀服務視為殯葬活動的主要及核心部分，算是大陸以外所有華人生活圈的特色；港澳臺不用說，連星馬地區都不例外，唯獨大陸主張無神論而一切從簡。中國特色社會主義不主張用宗教儀式辦喪事，但多少還是保留了一些儒家慎終追遠的精神。尤其是家人團聚為長輩送終，活動的多樣有時超乎人們想像。記得有回我去重慶參訪殯儀館，見禮廳旁邊擺了許多麻將桌，原來是給守靈的親

友相聚娛樂一番。我笑稱若不打麻將不妨唱卡拉OK，館方竟說可以考慮，同時提供夜消，讓消費者賓至如歸。這等於是在創造業績並且作口碑，把殯儀館打造成親朋好友難得相聚的社交場所，說來也是一絕。

　　認真想來，喪禮處理的是亡者，服務對象卻是生者；既然如此，大可順水推舟將之打造成文化創意產業。這話我說過起碼有十年之久，直至最近總算聽到有人附和了。殯葬活動無論如何都深具文化底蘊，「文化」係指「一個民族生活方式的全部」，可分為「觀念、制度、器物」三層次。像華人圈即以儒家慎終追遠思想為考量，從而設計出一整套行禮如儀的繁文縟節，再加上各式各樣的穿戴、棺槨、墓園等，以反映出亡者的地位。此於過去帝制時代有階層之分尚無可厚非，如今現代化都市化之下的市井小民一旦作古，大可採取道家式的簡化淨化作為，縱浪大化，反璞歸真，讓自己和家人都無後顧之憂，豈不快哉？新生死學在我的建構下，很想向殯葬業者由衷建言，希望他們為無宗教信仰者設計簡化淨化的流程、打造專屬的海葬船，同時盡可能宣傳環保自然葬，如此功德無量矣。

5.教　團

　　宗教或民俗團體從事關懷個人及社會的活動在國內十分普及，即所謂「行善」，可視為慈善事業；但除非他們創辦專業機構例如學校、醫院、安寧院等，否則稱不上專業。事實上長期以來都有人嘗試通過立法，為教內人士賦予「宗教師」的榮銜，但一部〈宗教團體法〉足足躺了二十年，而另行提案的〈宗教基本法〉亦胎死腹中。一切仍停留在原點，卻讓社會上的宗教亂象幾乎淪為無法可管。作為新生死學的推手，我提倡反諷的、擬似宗教的「大智教」或「人生教」，主要是希望為不信教的人提供另類選項，讓他們從古今中外聖賢才智的大智大慧中找到「自信」，從而自我貞定安身與了生之道。華人世界不像世界其他地方，絕大多數人都不信教乃是常態，因為我們有著將儒家價值觀內化的

人生信念；大智教之所以也稱作人生教，即希望通過儒道融通的修養工夫，使人生臻於圓滿。

　　人生教屬於自家本事，教人以「獨善」的修養工夫；若想「兼濟」加入教團或政團皆無不可，但宜避免陷入「人在江湖，身不由己」的窘境。教團和政團所從事的都是組織性活動，但政團有〈政黨法〉可管，教團卻始終逍遙法外；因為教內人士認為自己屬於神聖世界，非世俗法規足以納管。此乃似是而非之論，畢竟宗教的神聖並不能保證教士一定神聖，他們有時更會藉機披上神聖外衣而犯下世俗罪惡。金獎電影「驚爆焦點」揭發千餘神父性侵兒童，以及《西藏生死書》的活佛作者被控告性侵官司纏身至死等例證，都反映出神聖團體也有必要接受世俗法治，以免讓信眾身心受到宰制與傷害。不過儘管教團自行其是有可能滋生弊端，卻也不能一筆抹殺教團行善濟世的努力。像國內有宗教背景的學校和醫院不在少數，我的母校輔仁大學便屬其一。

　　在臺灣以生死關懷為志業的教團，最為人所知曉的便是慈濟；它創辦兩所大學以及三座醫院，並擁有電視臺，都具有相當口碑，至於在全球各地行善更不在話下。事實上大家經常耳聞的「志業」、「志工」等語彙正出自慈濟，「志工」之前叫「義工」，在教團「歡喜做，甘願受」的精神感召下，逐漸帶動起一股社會清流和風氣。本世紀初〈志願服務法〉頒布施行後，志工服務有了法源依據，更能有效地將關懷愛心散布在人間。如今志工隨處可見，多少拜教團積極將之普及推廣之賜。教團的關懷善行雖然算不上專業，但也不受行規約束，反而更有利於施展愛心，深入到社會各角落。對此我舉雙手贊成並豎指為讚，但仍要表明新生死學的基本立場與理想，亦即「以美育代宗教」。蔡元培清楚看出教團跟政團一樣黨同伐異，當教團一旦有門派之分，分別心便會取代愛心而予主導了。

6.民　俗

　　臺灣是廣大華人社會中信仰相當多元的所在，內政部的統計資料顯示，有宗教信仰者道教佔六成、佛教僅三，另一則歸其他；此處道教主要指民俗信仰，嚴格說來根本不算宗教。道教屬於宗教固然不錯，也有道觀組織和道士道姑等教士，但是信眾卻是隨緣流轉，完全不受限制；當然像「一貫道」等特殊教派是例外。宗教學研究指出，宗教信仰至少必須符合「教主、教義、經典、儀式、皈依」五大要求，其中最後一項至為關鍵，亦即加入教團。正是在此一要求上，區別了民俗與宗教之分。臺灣人的信仰可說就在這一點分野中，創造了令人驚豔的多元勝景和美感體驗，較之各家各派的教團氛圍更具親和力。就我個人而言，雖然一度皈依教團後來又斷捨離，但始終對沒有門牆隔絕的民俗信仰活動相當感興趣，理由無他，正是庶民文化所產生的親切感。

　　政府把民俗信仰納入道教系統之內，只是便於管理而已。臺灣人的信仰既多樣又另類，在喪葬習俗上明顯可見，於電影「父後七日」內巧妙呈現。此中表現的乃是儒道佛雜糅的禮俗儀節，在道士主導下，內容亂中有序，卻不失人味；我至少讀到兩篇學術論文分析此片，相當有趣。民俗活動足以推廣關懷愛心，但往往不及於專業，卻偶有例外，早年受人矚目的「龍發堂」民俗療法便是一例。龍發堂是高雄鄉間一座廟宇，以收留精神病患著稱；為領取醫療及社會補助而將患者戶籍遷入，竟意外形成一處社區，甚至足以影響地方選舉。堂內執事在多年經驗積累下，發展出一套具有療效的民俗療法，受到公立醫院正視與重視，而將之列為個案拿到歐洲的精神醫療會議上去報告。可惜近年該堂管理失靈，令患者染病甚至死亡，被政府強制解散，卻也寫下民間另類醫療奇特的一章。

　　新生死學積極宣傳大智教或人生教，有意模仿民俗信仰以善書形式推廣普及，這也是我不斷寫書的目的。不要小看善書的傳播力量，為

國內出版品創下最高發行記錄的正是一部善書《地獄遊記》，初版至今超過四十年，包括改編漫畫在內，估計發行達六百萬冊以上，原因就是民眾捐款大量助印。受此啓發我一度考慮直接用《大智教》爲題撰寫小冊，以一帖兩三百字微小品呈現，自印自贈以自度度人，何樂而不爲？我自視爲「思者醒客、智者逸人」，長於坐而言並非起而行，雖屬獨善之士，卻仍懷兼濟之心，持續著書立說以示「吾道一以貫之」。書寫至此，關懷心意已大致表達，接下去三十帖便從關愛人生說到新生活、新生涯、新生趣以及新生死。願以有限的人生體驗和無盡的關懷之情，訴諸文字以呈現心目中理想的新生死學之全貌。

四、關切人生

1.齊　家

　　新生死學將本身兩大核心價值「生命、關懷」之一的關懷實踐分爲四方面來看，即是倫理、專業、微觀以及宏觀面；接下去要介紹的「關切人生」便屬宏觀考察，先討論對家庭、社會、國家、世界的關懷之情，再反身而誠推己及人之可能。「齊家」原本列爲儒家「八目」之一，主要講作爲一家之主的男性如何成家立業的修養工夫，妻兒在其中只能算是配角。但是在時代社會變遷下，情況已經呈現多樣甚至多元，過去「男主外、女主內」的要求早就失去意義，女性當家已非例外而屬常態。再說後現代家庭也不再有典型與否之分，連單身貴族都可以自立門戶，何況其他。不過現今選擇結婚生子組成核心家庭的人還是佔了大多數，家中不過三四人，齊家之事就變得人人有責，也就是說家中成員各有權利、義務以及責任。新生死學理當會通家庭教育對此促進落實。
　　我國是全球推展家庭教育很有績效的國家，早在2003年便已制定

〈家庭教育法〉，規定家庭教育「係指具有增進家人關係與家庭功能之各種教育活動」，內容包括六項：「親職教育、子職教育、兩性教育、婚姻教育、倫理教育、家庭資源與管理教育」。可見家庭教育跟生命教育有相當大的呼應、互補與合作空間，新生死學亦可通過新生命教育表達並提供意見。和微觀面針對個體的關懷實踐灌注愛心稍有不同的是，宏觀面針對群體的著力之處主要在於關切人生與改善現狀，因此特別強調責任；就生命教育而論，便是倫理道德和法律社會的責任。以齊家為例，父母有責任通過關愛而善養子女；首先要打破「天下無不是之父母」的迷思，其次就是把親職與子職教育納入生死學及生命教育的考量。像父母應當引導孩子學習珍愛自己、他人和動植物的生命，以體認「愛生惜福」的道理。

說責任太沉重，但這正是關懷倫理可以向正義倫理效法取經之處。既然要講倫理道德，多少就會涉及規範約束；談關愛之情固然十分正向，但是放大到群體層面就必須有些約束力。像環境保護，不能只是高調頌唱愛護大自然，更要明確標示個人責任，甚至立法令其遵守。另外像落實齊家責任，就需要未雨綢繆防治家暴，以社會及法律力量盡早發現「不是之父母」而予以隔絕，以免孩子無辜受害。這絕非危言聳聽，反倒於媒體新聞中俯拾即是。而這只是親職教育的一面，亦即教導夫妻如何做好稱職的父母；另外一面則歸子職教育，要求為人子女者也應該表現到位。新生死學在此並不像傳統德育一樣宣揚孝道，而是將之轉型變化，尤其是提倡以雙向的「孝敬」來取代單向的「孝順」。「敬」指敬愛，子女尊敬父母，父母敬重愛護子女，這才是與時俱進的後現代齊家之道。

2.合　群

儒家八目之說創始於先秦時代，從「齊家」一下子跳到「治國」、「平天下」有其時代背景，並無可厚非。因為孔子為東周春秋時代的

人，當時周天子名義上擁有天下，但權力多散在各諸侯國君身上；此一情況到了戰國時代更形嚴重，中土之上稱「國」者為數甚多，士人懷抱治國理想到處奔走求緣，孔孟二聖都是例證。後來「七雄」之一的秦國併吞六國統一天下，開始實行帝制直到清末長達兩千一百年，成就了「中國」輝煌的歷史。時至今日，中國已由帝制步入共和，但是出現兩岸長達七十載的分治；我們走在自由民主法治道路上固不待言，對岸則標榜「新時代中國特色社會主義」並採用「社會主義核心價值觀」從事治理，彼此各有千秋。在這種情況下市井小民或人民群眾貿然要想治國不免遙遠，我遂構思在「齊家」與「治國」之間納入「合群」一項，以示關懷參與社會的責任。

群體乃相對於個體，群眾聚集便構成社會的雛型。「社會」二字早在宋代便已出現，「社」指神廟，「會」表聚集；一群人聚集在神廟前面討論公共事務，就類似今日的社會、社區或社群活動。1838年法國哲學家孔德創立社會學，後來傳至中國首先就被翻譯為「群學」，其實頗得要領。新生死學的關懷實踐設計，在宏觀上從齊家走向合群，就是希望人們注重並遂行自己的社會責任。合群即指關心、參與、貢獻於社會，若採取較為寬廣的視野看，社會與國家經常被相提並論，因此若將合群作為治國的起點也說得過去。孫中山嘗言「國者人之積，人者心之器」，這是指國家由社會大眾所組成，而人群集會也需要有中心思想和共同目的。新生死學想推動的社會關懷，大致落在行大智教化教人以安身立命與了生脫死之道上面，像推動環保並落實自然葬便屬之。

關懷社會的具體實踐就是參與其中，善盡責任；但是「社會」的範圍實在太大，很難一網打盡，因此理當對焦於較小且容易進入之處，例如生活的「社區」以及感興趣的「社團」等。而自己所服務的單位其實也類似一個微型社會，能夠多投入並關注其運作，提供改善建言，也都算是合群之舉。新生死學及新生命教育雖然在了生脫死方面鼓勵人們效法道家的反璞歸真，但是在安身立命方面卻不樂見走向「離群」，最佳底線乃是白居易所創造儒道融通下的「中隱」之道。中隱不是逃避社

會而是融入其中，不媚俗取寵而是優遊自得。簡單地說，這是一種把最基本的社會責任盡到，之外便放下兼濟的理想，轉而投向獨善的自求多福、自得其樂。有人不免以為如此太過消極甚至自私，但是大智教化卻主張，不給社會添亂，正是一種消極的責任，太過積極反而容易適得其反。

3.公　民

　　年輕時棄醫從政，從而走向「上醫醫國」的道路，為革命而鞠躬盡瘁，雖然在世尚不足五十九歲，卻能夠留名千古，永垂不朽，他就是孫中山。孫先生在忙於治國之際還不忘著書立說，提出「三民主義」的建國藍圖。他經常到處奔走，用淺顯的言語向國人宣揚民主共和的真諦；對於政治，他解釋為「管理眾人之事」，言簡意賅。談起政治就離不開「權力」與「權利」；人民有參政權，政府有統治權，希望讓力量與利害都能恰到好處。孫中山終結了兩千多年的帝制，建立起亞洲的一個民主共和國；這是真正治理一統江山的大國，跟春秋戰國時代分崩離析的地方政權不可同日而語。時至今日，中華民國雖然限縮為僅統治臺澎金馬的偏安政權，但誰也不能否認此一國家血脈已經延續了超過百年；雖然不時面臨國族認同的難題和困境，但是公民參政的傳統卻始終未絕。
　　從關懷家國的視角看，公民參政正是落實民主的具體表徵；在臺灣十八歲可以用公民投票贊成或反對同婚，二十歲更可以用手中的一票選舉心目中的好總統。此事如今看似理所當然且稀鬆平常，但它可是經過多少「嘗試錯誤」的過程而爭取得到的；從英國近代實施虛君內閣制，到我國當代賦權總統直接領導，本質上皆一以貫之，此即民主，代表人人都可以參政。生死關懷討論到公民參政並非題外話，而是助人得以真正「安身立命」。此話源自禪宗，如今則引申為「安頓身心、樹立理想」。生活在和平時代的我們實在難以想像戰亂時期的景況，那終究是身心受創和朝不保夕的處境；但在生死學看來，二者的天壤之別仍然

能夠改善。遠的不說，存在主義兩大代表作家沙特與卡繆的深刻作品，都是由二戰的水深火熱所醞釀，「存在抉擇」在動亂之中方能益顯其珍貴。

國人的民主自由得之不易，必須竭力維繫，但不是靠革命而是改革。改革創新的民主腳步來自公民自覺下的意識覺醒，發現「有力使力，無力使智」和「爭一時，也爭千秋」的道理，退一步海闊天空。儒家好講「正名主義」，非得爭取名正言順才踏實；道家卻抱「老二主義」，少與人爭，不敢為天下先。從宏觀看，公民參政的目的是選賢與能，一旦選出有能力治理的領導人，應促使其以蒼生福祉為重，而非弄權誤國。國家動盪讓百姓受苦的最顯著例證就是希特勒，他是大獨裁者之中極少數靠著選舉的民主程序一步步登上大位的，卻失民所託走向萬劫不復的境地。集中營大屠殺可視為生死學最為血淋淋的活教材，教導世人諸惡莫作，以免損人更不利己。總而言之，公民參政要秉持關切人生的責任慎重投票，選出來的公僕更要以關懷之心施行仁政，如此才不負百姓所託。

4.全　球

1997年我離開居住大半生的臺北，南下嘉義大林南華管理學院，出任生死學研究所創所所長，從此跟這門教人以了生脫死的微觀學科結下不解之緣。說它微觀是因為生死學或其前身死亡學主要關注個別死亡的問題，較少處理宏觀課題。事實上傅偉勳早已注意到此點，他指出：「跳過個別死亡問題，還有集體死亡問題，涉及自然災荒、核子戰爭的威脅、政治壓制等等，也是死亡學的探討對象，關聯到地震學、氣象學、國際政治學、倫理學等等學科。」此說出自1993年，頗具前瞻見地。因為近年全球暖化問題益發嚴重，引起各種天災人禍，對生態及環境倫理衝擊甚大，而國際上卻有大國領袖川普對此嗤之以鼻，形勢更趨複雜。新生死學在「關切人生」的考量上，強調見樹也見林，必須正視

與重視個人和環境的關係，尤其是跨國環境變化所帶來的衝擊，例如霧霾及融冰。

全球暖化現象的發生，源自人類使用工業產品所製造的碳排放量之增加，超過一定臨界點後，就會出現難以收拾的生態浩劫。大量排碳不止是開車，使用手機電腦等電子產品同樣會造成，因為發電需要消耗能源。當然現代人的生活不可能重回工業化以前的時代，但是眼見生態環境出了亂子也不能坐視不管；善盡個人的社會責任，理當是改善現狀要走的第一步。依大智教化的途徑走，第一步要啟動的是意識覺醒下的自我覺察。一如性別意識覺醒後發現多元成家的可能，從而推動公投立法；生態意識覺醒後確認高污染能源必須加以限制，乃有公投主張「以核養綠」的通過。核能發電固然有潛在風險，但比起每日燃煤燒油造成直接且明顯可見的污染，還是有其可取之處。統計發現，工業大城高雄罹患肺腺癌的人數是商業大城臺北的十五倍，國人能不警惕乎？

高雄與臺北相距三百公里，雖然較隔海距大陸兩百公里與距日本一百公里為遠，但同在美麗島上，且經由高鐵聯結早已形成一小時半生活圈，必須休戚與共才是。何況環境保護乃是全球性運動，需要跨境關注。兩岸黑水溝擋不住人員和空氣流動，像境外污染源霧霾的移入，就需要彼此合作消弭。至於哈日族甚多的臺灣人也許大多不知道，日本「國境之西」與那國島就在蘇澳以東不遠處；日本人對琉球群島的環境保護做得相當到位，值得我們跨海學習。全球議題除了生態環保還有疾病傳染，2003年SARS在極短時間內橫掃全球，雖然死亡人數不多，卻也造成相當恐慌效果。情況更慘的則是1918年禽流感大傳染，當時僅有二十億人口的地球，在一年內死亡四十分之一的五千萬，換算成現今就是兩億，豈不極度可怕？與其亡羊補牢不如居安思危，新生死學對此希望見樹也見林。

5.反　身

　　生死學創立至2020年僅有二十七年歷史,可謂新興學科;但是它只存在於華人世界,西方人主要關注的是只談死不論生的死亡學。華人圈還分臺灣、大陸、港澳以及星馬,後者也有人提倡「華人生死學」,但集中於殯葬業。至於港澳地區直接談生論死的甚少,頂多出現於生命教育論述中。值得注意的是,近年大陸學者對於生死學興趣日增,甚至有意組成專門學會;不過社會主義國家一切由宏觀調控,新興學科沒有官方「准生證」就不具合法性與正當性,根本無法列入大學科系或專業,頂多只是課表上一門課而已。相形之下,生死學的誕生地臺灣倒是一切齊備,甚至設立了博士班;但整個學術界對其接受度依然不高,因為它並不易擺脫對相關基本學科如生物學、心理學、社會學以及哲學的依賴。有鑑於此,我遂希望建構一套生死學新論述,找出核心價值與競爭力以永續發展。

　　本書以《新生死學──生命與關懷》為名,即標幟出新論述所貞定的核心價值,在理念和實踐面分別為生命與關懷。如今寫到關懷實踐的最後兩帖,我想以「反身而誠」及「推己及人」作出建言和小結,之後就進入末章以討論「新生」之可能。新生死學主張以反身而誠作為自我貞定的基本工夫,一旦修成貞定,便足以自度度人安身與了生之道。我花了半個世紀的努力走到這一步,心血結晶凝聚成2019年所出版的代表作《新生命教育》,有同道讀完表示欣賞與肯定,並謂我「大器晚成」,聞之既欣慰又惆悵。欣慰的是漫長的自我貞定工夫終於修成正果,惆悵的是時不我予否則能夠更早拿出來自度度人。說起我的反身貞定所得乃是「愛智慧見」,而推己實踐則體現為「大智教化」;二者形成表裏,完善了我的「知道」加「行動」體系,此乃「六經註我」下的水平思考產物。

　　我雖然是純種哲學人,但始終自認為僅屬哲學工作者甚至從業員,

絕非哲學家。反身而誠,我無意當講究思辨玄想和邏輯論證的「哲學家」,卻隨緣流轉走向心靈會客與大智教化的「哲理作家」道路,我手寫我心,存在即自知。人要有自知之明,老來更覺察出道異不必謀、莫要惹人嫌。我書寫的目的並非跟人抬槓,而是以文會友;哲學界講究「批判」,我年過半百後逐漸無心於此,頂多存而不論而已。五十四歲受惠於社會學者羅中峯所提「中國傳統文人審美生活方式」的啟發,我便以「思者醒客、智者逸人」自居,從而走向「反身而誠,無向外馳求之誤」(宋儒張載語)的人生意境。這是一套通過「自我覺察」形成「自我抉擇」而達於「自我決斷」的修行工夫;如若不然,很可能隨俗媚俗地「忘了我是誰」,甚至走向「自絕生路」與「自掘墳墓」的絕境,宜慎之慎之!

6.推 己

反身而誠成就自我貞定,進而推己及人,是我近年不斷撰述的初衷與用心;但無意跟人論辯,只想自圓己說,說與有緣人聽。人文思想相當主觀,不像科技成果具有一定客觀性甚至放諸四海皆準,也因此古希臘哲學家要對二者分別作出「意見」與「真知」的分判。值得一提的是,時至後現代的今日,主客觀二分的主流觀點已逐漸被顛覆,另類「海闊天空」式的「知識無政府主義」從而應運而生,甚至進一步消弭了主流與另類的界線。眼前這部《新生死學》乃是前一部《新生命教育》的「接著講」,但是採取了截然不同的表達方式;前著是用十二篇議論文章舖陳,本書則呈現為百帖哲理千字文,而其中精神始終一以貫之,即是發散性的情意思考。由於「花果飄零」的因緣際會,我從科學哲學走進生命倫理、生死學及生命教育,遂以推廣生命化的應用哲理為己任。

我在發現「中國傳統文人審美生活方式」之後,從濃得化不開的生涯發展之中,頓悟出海闊天空的豁達開朗,便將認知路線轉向情意,

採「六經註我」的方法工夫，一步步體現出「大智教化」的自家本事，且以此為名撰成三書出版。大智教化就是新生命教育，用以宣揚反諷式的大智教或人生教；它沒有宗教色彩，而是一套以儒道融通思想為主的人生哲理，其核心價值正是傅偉勳所指出的「現世主義」。有人不免懷疑，儒道融通講了上千年，歷史上不少哲人文士皆身體力行，何需在今夕以「教」為名標榜之？其實這正是我的良苦用心，即以反諷式擬似宗教的型態，提出一套常識之見，用以破除各家教派對生前死後予以「許諾」的迷思。大智教主張「應盡便須盡」加「環保自然葬」，認同此二說的人便屬信眾，可以進一步結緣，其餘則歸道異不謀，存而不論而已，無需加以排斥。

這是一套推己及人的修養工夫，對此我深深感激捐贈大體而後樹葬的繼父，以及遺言燒灰灑海的母親，而我則選擇效法老母縱浪大化，清潔溜溜。一種米養百樣人，對於不同選擇的人，有些給予祝福，其餘敬而遠之。我自幼便對各類規矩節度感到不耐，尤其是繁文縟節的儀式活動，雖不會刻意反對，卻是能免則免。這是盡量避免社會化的自了漢神經質潔癖使然，或許本性難移，仍希望推己之愛智慧見及於志同道合之人。哲學為愛好智慧的學問，我對自身存在與生死的愛智反思花了半個世紀一以貫之，如今形成明確的大智教化，當然希望推己及人，說與有緣人聽。我無意成為沒沒無聞的隱士，而是選擇中隱之道著書立說；為人師表三十七載，不知道有多少學生能夠在我的推己及人潛移默化下「發現你自己」，但至今我仍然擇善固執地宣揚大智教，死而後已。

肆

新 生

一、新生活

1.常　人

　　把「生命、關懷」兩大主題安頓於新生死學的內涵中，作為其核心價值與競爭力的舖陳工作已告一段落，接下去要進入末章〈新生〉，次第探討新生活、新生涯、新生趣及新生死的可能。於〈新生活〉一節將從你我的日常生活起步考察，以重構「常人」在生死學中的嶄新意義。依常識之見觀之，日常生活主要就體現為現代人所過的這種朝九晚五平常日子，大多平淡無奇，直到退休。如此看來雖然稀鬆平常，但在人類歷史社會的時空脈絡中，它並非始終如一，而是經過長期社會變遷下的產物，也因此「日常生活」遂成為社會學家極感興趣的主題之一。簡單地說，大家眼前所過的這種日常生活，其實是資本主義興起後所帶動的工商業發達下的結果，亦即「中產生活」。中產階級是維持社會穩定的基石，在發達國家起碼要佔總人口的七成，臺灣基本達標，大陸則有三成左右。

　　社會學者葉啟政在《修養社會學》一書中，對此有著詳盡的分析：「依我個人的觀點，當我們把關心的焦點移擺到環繞著一個人的身軀與其種種實際行止而構成的日常生活世界時，其呈現的，並不僅止於對事物設立了一個新觀點，更重要的毋寧是，肯確了一個具現實經驗基礎、且足以啟發深沉之歷史與文化意義的社會學考察平臺。以最簡潔的語言來說，其中最具時代意義的莫過於是：一個以消費為主調的社會展現的，其實即是一個人們以日常生活世界為重心的社會形態。消費發生的場域本質上即是人們每天身處的日常生活世界，因而，人們以怎麼樣的方式在日常生活世界裏展現消費活動（並進而證成自我），就成為不能

不追問的課題了。」由此可見我們的日常生活跟商品社會的脈動息息相關，謀生餬口也不過了養家活口，同時懷著希望傳宗接代，其餘則以不變應萬變。

　　但是日常生活終究還是會生變，老病死接踵而來躲也躲不過，舊的生活信念面臨挑戰而崩解，亟待建立「向死而生、由死觀生、輕死重生」的一系新生死觀。其中「向死而生」之說來自德哲海德格的創見，它深深影響著心理學者余德慧的生死觀解。在《生死學十四講》中，他對海德格所說的「常人」提出詮釋：「『常人』這個名詞並不是用來指人平凡、平庸，而是在談一個根本的問題。通常，人們有一種度過生命的方式，這種方式極為常見，以這種平凡普通的生活方式活著的人就叫做『常人』。」他把常人的想法稱作「常理」，包括「掌控、秩序、行道、計算」四個基本元素，用以安頓被期待的生命時光；而一旦面臨死亡，整個常人世界的日常生活就逐漸崩解掉，令人無比失落而墜入深淵。話雖如此，新生死學卻嘗試通過「此念是煩惱，轉念即菩提」的修養工夫，以尋求解套之道。

2.社　會

　　新生死學奠基於「後科學人文自然主義華人應用哲學」，認為人既是社會動物，也是自然動物；二者關係既為辯證發展，亦在彼此融滲。後現代的新生活一如現代人必然生活於社會之中，難以遺世獨立，但卻多了一些自由選項，包括「復得返自然」。「自然」概念在華人社會具有雙重屬性，一是通過「人文化成」而逐漸從人與天爭的自然情境中走向有文化的社會發展，次則為發展到一定階段又必須擺脫社會束縛而重拾自然本真。話雖如此，「社會」此一概念並非自古有之或想當然耳，而是資本主義在個人與國家之間所樹立的實體，以避免中產「市民」受到國家宰制。葉啟政於《進出「結構—行動」的困境》一書中指出：「社會學視市民社會為天堂，支持著個體人格；……經由它，個體人格

可以在其日常生活中追求自己的計畫。再者，它更視市民社會是避免依賴國家宰制的方式。」

換句話說，一如我所提出應在「齊家」和「治國」之間加上「合群」一目，作為個人及家庭與國家的中介，社會乃是被建構出來的人群實體。但弔詭的是，葉啓政發現：「社會此一概念，在西歐世界中，打從為學者們廣泛注意而被擡高身分以來，實即已蘊涵著與個體相對立、且是一個具集體性的實體的意思了。」其弔詭之處正在於，源生於看重個體的資本主義之「社會」，到頭來竟辯證地促成社會主義，從而讓集體凌駕於個體，甚至藉國家力量來宰制個體。當然全球各地的社會發展各有不同，社會學家歸結出兩種最基本的類型，一是自由主義的「社會背景觀」，僅將社會視為個體日常生活的活動背景；另一則為社會主義的「社會有機觀」，積極把社會打造成自主運作的有機體以影響個人。這是兩套截然不同的觀點，卻不必對立，反而可以通過去蕪存菁努力，達於優勢互補之境。

舉個大家都有切身體會的例證，那便是「全民健保」；採用社會保險分散風險的福利精神造福全民，使得自由環境中的我們，得以享受比對岸社會化醫保更經濟也更人性的關心照顧，新生死學對此深予肯定。全民健保近來雖出現虧損漸大的危機，但其良法美意無疑正是公平正義的人道精神，讓全民百姓得以「無後顧之憂」，成功之處連美國都曾來取經。新生死學對於個體新生活在社會中的安頓，主張「執中道而行，無過與不及」。蓋社會學有三大主張，「結構功能論」以自由主義為前提，強調個體社會化的重要；「矛盾衝突論」以社會主義為基石，要通過階級鬥爭以實現公平正義；「現象詮釋論」以詮釋現象學為理念，尋找異中求同的社會性存在意義。這些都是西方觀點，基於「西用中體」原則，新生死學鼓勵華人追求「中年中產中隱」的「中確幸」，讓人生無後顧之憂而壽終。

3.法　治

　　現代人新生活的立足點乃是日常生活與市民社會，要能維持二者相輔相成的運作以期長治久安，實施法治可說是關鍵要件。法治是為限制人治而設，要順利落實必須完善配套嚴謹的法制；法律之前人人平等，王子犯法與民同罪。法治需要法制，但有了法制並不一定能夠推動法治，因為惡法也是法。真正的法治要求「依法不依人」，但法律還是由人所制定，卻不能夠一人說了算，而需要多人充分討論再確立。最理想的當然是全民立法，不過這只適用於小國寡民，否則窒礙難行。退一步的作法就是像國內所實施的代議制，由公民選出立法委員進入國會為民喉舌，並集思廣益共同制定造福全民及社會的良法。不過立法程序有時難免曠日廢時，於是乃有公民投票的設計，而這正是全民立法精神的體現。我國公投盛況出現於2018年「九合一」大選中，可惜曇花一現，之後立刻被限縮。

　　法治社會是人類文明的獨創，而且歷經長久演變逐漸成型。必須承認的是，目前各地華人社會的法治皆效法西方，僅因時因地制宜而有所權變；但西方法治根源卻在基督宗教，此於華人受儒家思想影響有所差異。且看一種差異下的對照，西方人心目中對事物的評斷位階是「法、理、情」，華人則剛好相反為「情、理、法」；但二者差異並非高下之分，而屬考量先後。簡單地說，西方法治精神源自超越的上主，其大德大能不受人心影響，可視為自然流露，因此有「自然神」之說，大寫的「自然」實等同唯一真「神」。從「自然神」產生「自然法」可謂自然而然，之後的「人為法」則依自然法設計，其內在本質不可逾越上主的意旨。像笛卡兒講「我思故我在」，其「我思」的內容正是由天主所保證，因而方為深思熟慮並非胡思亂想。法治有此堅實的基礎，始得長治久安。

　　西方人從「法治」觀念開出「民主」政治和「自由」貿易，在今

日雖非普世價值，卻被全球大部分國家或地區所效法，且或多或少成爲國際交流的遊戲規則。西方法治主張保障個人權利，這是從「君權神授」演變至「天賦人權」的產物。此與孟子的「民爲貴，社稷次之，君爲輕」說法雖能相互呼應，卻有本質上的差異；西方到頭來實現眞正「民主」，古老帝國終究只停留在「民本」理想中。提出民本理想的是儒家，希望用道德良心去感召統治者，然而事實並不如預期，反而走向法家治國，或是流於長期採用「陽儒陰法」包裝的威權統治，直到民國誕生。中華民國步上眞正西式民主乃是上世紀末的事情，百姓用選票促成「政黨輪替」。不過民主並不一定保證自由，納粹上臺也是民主的結果。自由需要訂立良法加以保障，「**法治—民主—自由**」遂形成三位一體，缺一不可。

4.民　主

　　討論至此有人可能會疑惑，談生論死提到這些宏觀議題有何意義？大智教化認爲生死學不止談死更論及生，不但關心小我更觸及大我；人生實無逃於天地之間，理當學會如何頂天立地。中土於上世紀初結束帝制建立亞洲第一個民主共和國，當時港澳臺三地則仍屬西洋或東洋國家的殖民地。所有華人社會共同面臨的重大苦難便是二次世界大戰，人命朝不保夕。這正是傅偉勳所指的「集體死亡」問題，新生死學必須予以正視。何況大陸後來又曾出現「文化大革命」所帶來的「十年浩劫」，在在讓人看見小我在大我之間的身不由己。好在美麗島上除了地震颱風等天災外，已經度過四分之三世紀沒有戰火的歲月。此外民國自從解嚴後更是一步步走向法治民主自由的社會，可視爲兩岸四地及海外華人政體的典範，值得國人欣慰。一個能夠在安定中求進步的環境，才是眞正安身立命之所繫。

　　不過話說回來，「民主」概念的歧義相當多，甚至於出現南轅北轍的情況；舉例來說，像朝鮮如此極權的國家，其國名竟有「民主主義」

字眼，令人莫名所以。其實民主的構想在西方自古有之，雅典即實行過貴族及自由人民主，但奴隸沒有份。一般多以英國〈大憲章〉作為民主表徵，但那只是中古貴族向君王爭取權利的產物；真正民主始自虛君立憲代議制的出現，由民意代表選出首相秉持憲法執政，國君則退為象徵領袖。民主並非憑空降臨，而是需要積極爭取，甚至採行激烈的革命手段。從十七世紀的英國「光榮革命」起，接下去乃有十八世紀的美國獨立戰爭和法國大革命，以及由十九世紀《共產黨宣言》所促動的二十世紀俄國與中國之社會主義革命。如今聯合國有五大常任理事國，美、英、法、俄四國均已施行全民民主，唯有中國視其為「資產階級民主」而嗤之以鼻。

現代人對於民主的常識性體認，不外乎一人一票選賢與能；我國的民主制度落實得相當澈底，小至里長大到總統皆由公民投票產生。當然實際作法難免有些瑕疵，例如地方派系運作、媒體左右選情，以及最易引人詬病的相對多數就能當選等，但總體來說還是足以讓民意充分表達體現。光在這點上，臺灣無疑走在兩岸四地最前端。看看大陸為「維穩」完全不採西方民主倒也罷了，許諾香港「一國兩制」可於回歸二十年後直選特首卻跳票則有待商榷。中共建國早年學蘇聯根本否定西方民主，卻拈出「人民民主專政」之說以治國，不免令人困惑。蓋「專政」即指獨裁，既然一黨專政何來民主？好在改革開放後逐漸放棄專政之說，改稱「中國特色社會主義」，努力拼經濟，四十多年下來成就不凡，已躍升為世界第二大經濟體。從計劃經濟轉向市場經濟需要自由貿易，「自由」遂有待關注。

5. 自　由

「自由」也是一個容易產生歧義的概念，運用之妙存乎一心。以我長期服務的銘傳大學為例，創校超過一甲子，從三專五專改制升格為學院大學，連博士班都已齊備；在不斷發展中少數不變的作法之一便是隨

堂點名，數十年如一日。如今既已走進後現代多元社會，一所大學仍堅持查勤，理由無他，「學生有學習的自由，同時沒有不學習的自由」，這是創校者包德明校長的理念。有人指責此乃開倒車之舉，但學校擇善固執認為不接受就請轉學。其實更狠的招數還有考試作弊被查到便退學，沒有什麼記過或留校察看等處置。如此對於「自由」的嚴格界定，多少顛覆了人們的常識性認知。提到界定，讓我想起孫中山的說法值得參考，他指出自由乃是「為所應為」而非「為所欲為」。這其中包括通過「自覺」走向「自律」的修養工夫，正是下帖的主題。

在建構新生死學的內容中納入法治、民主、自由等課題，目的是讓大家思索「安身立命」的基礎何在。基於「向死而生、由死觀生、輕死重生」的學科建構前提，新生死學談生論死的宗旨，乃是通過對死亡的觀照，肯定生命的價值。就像自由主義將社會視為個體日常生活的背景一樣，新生死學也有意將生死作為生活的背景而看待；死不足畏，重點是好好活著，如此活著的外在環境便益顯其重要。新生死學的核心價值是生命與關懷，統整在一道便是懂得關心照顧有情眾生，包括其他物種在內。對我個人而言，長期以來的身心支撐接近傅偉勳所言「心性體認」的道禪思想，追求的是「無求於人，亦不為人所求」的獨善式「海闊天空，自由自在」。但認真想來，「人在江湖，身不由己」，終究無逃於天地之間，這種自了漢的生活便屬可遇不可求。

自由自在的生活型態最著名的描繪當屬陶淵明筆下的桃花源，這當然只是理想化的烏托邦，於今根本不可能實現，但並非沒有類似情況的可能。記得有一回我去原住民部落住民宿，看見原民樂天知命的日常生活，大碗喝酒，大塊吃肉，大聲唱歌，不亦快哉。這對生活在激烈競爭的都市居民而言，不由心生羨慕。往深一層看，都市化生活型態乃是工商業發展下的產物，它來自十七世紀歐洲的自由貿易思想，「經濟學之父」亞當斯密貢獻良多。他主張開放市場，讓商品貿易自由競爭，通過一隻「看不見的手」予以調節，此即市場機制。斯密為大學道德哲學教授，將人心目中的「價值」賦予市場上的「價格」意義，開啟了自由主

義市場經濟，形成日後的資本主義，至今仍左右著全球人類的命運。經濟自由造就了廣大中產階級，希望在安定中求進步，遂積極爭取政治自由，亦即民主法治。

6.自　律

　　新生死學視野中的新生活，希望人們居安思危，未雨綢繆，置之死地而後生。後現代多元社會裏的新生活重於「肯定自己、尊重別人」，必須深切瞭解「我對，別人不一定錯」；簡單地說，就是要隨時注意自己跟別人互動的拿捏。存在主義者沙特曾表示，「別人就是地獄」；存在主義先驅叔本華也寫道，「人際相處像刺蝟取暖，離太遠不夠溫暖，靠太近則彼此刺痛」。這些哲學家都有一顆敏感心靈，發覺社會生活必須保持距離以策安全，但不能完全無視於社會面離群索居。其實即使憤世嫉俗如叔本華，仍然很在乎來自社會的評價。他只是一邊擇善固執走自己的路，一邊等待出人頭地時機的到來，結果晚年如願以償，含笑而逝。不過他生活在戰亂動盪的歐洲，思想具有振聾啓瞶的作用；如今則人人在商品經濟的時髦流行中載沉載浮，幾乎忘了自己是誰，也不想知道。

　　想擺脫媚俗浮沉的生活找回自我，需要通過不斷地自我「覺察」，以作出適性的「抉擇」與「決斷」。人生貴在有自知之明，必須通過反身而誠的工夫發現本眞自我，然後以一份「自律」的修養對生活拿捏把持，執中道而行，無過與不及。「自律」是倫理學的重要理念，與之相對的便是「他律」。倫理學探討人類社會中的倫理關係和道德規範，一旦落入規範便有他律與自律之分。他律包括社會文化習俗及成文不成文律法，自律則來自宗教信仰或道德良知。依常識判斷，與其讓別人管，不如自己管好自己；想要享受自由自在的生活，就必須以不侵犯別人的生活爲前提。自律代表自主，在可行範圍內，自己可以作主的事情其實很多，包括生死抉擇，要死還是要活。2019年初正式施行的〈病人自主

權利法〉，讓病患自主選擇臨終處置，家屬不得干預，正是自律在生死抉擇的最佳體現。

　　新生死學的建構由死觀生，全書四章是由「死學」通過「生學」、「關懷」講到「新生」；於末章「新生」中先行從事有關新生活的全方位考察，再次第貞定個人新生涯、新生趣及新生死的觀解。我在此其實提出了一套包含生老病死在內的新人生觀，用以自度度人安身與了生之道。接下去三節將以「生涯安頓」作為安身工夫，以「生死澈悟」作為了生工夫，而以「生趣開展」作為二者過渡。現代人的日常生活多由職場生涯構成，但是朝九晚五終有告一段落的時候，退休以後就必須開創生趣閒賞的樂齡歲月，同時居安思危、未雨綢繆於生死流轉的生住異滅、成住壞空。人終不免一死，能夠得到好死善終算是福氣，但這並不必全然歸諸於「命」；事在人為，還是有一部分保留給自己去決定，這就是「運」。「運」可以自主決定死得其時與死得其所，不宜輕言放棄。

二、新生涯

1.管　理

　　生死學屬於生命教育的一環，如今官方已經將「生命教育」列為高中正式課程，納入綜合活動領域必修一學分，與之並列的課程則為「生涯規劃」。「生涯」之說來自莊子：「**吾生也有涯，而知也無涯。以有涯隨無涯，殆已；已而為知者，殆而已矣。**」莊子作為道家思想的繼承者，追隨老子的反智傾向，基本上反對皓首窮經的治學工夫，而是一如傅偉勳所言，走在「心性體認本位」途徑上，追求大智慧而非小聰明。不過這種精神境界並非人人可以企及，尤其身處二十一世紀的我們，大

概只能保持「雖不能至，心嚮往之」的態度。尤有甚者，在瞬息萬變的時代和社會裏，往往會感到「人在江湖，身不由己」，非但不可能「以不變應萬變」，還必須學會與時俱進的基本工夫，這或許就是高中生必修生涯課的理由了。拿「生涯」二字去翻譯 "career" 一詞，在今日看來雖不近亦不遠矣。

　　新生死學將人類發展分爲「人生三齡」：第一齡爲從出生到就業的「生存競爭」時期，第二齡爲從就業到退休的「生涯發展」時期，第三齡則爲從退休到辭世的「生趣閒賞」時期。其中生存期大約在三十歲以前，生涯期自而立上下至花甲前後，接著便逐漸步入生趣期。此與孔子的反身而誠可謂相互呼應，尤其是介於「三十而立」和「六十耳順」之間的生涯發展階段，正是一生中安身立命之體現。現代人大多爲上班族，職場生涯僧多粥少，必須通過激烈競爭始得以安身，至於能否立命就看個人表現了。在一般情況下，「三十而立」表示可以在安定中求進步，自此開始，就必須從事一連串的「生涯管理」，將三十載生涯當作人生中最寶貴的資源加以妥善規劃，如是方能善用有限生命，既兼濟又獨善，令其發光發熱。「管理」在現今已成不可或缺的社會實踐，「規劃」則爲其功能之首。

　　根據管理學的歸納，管理的目的即是「善用有限資源，使其發揮最大效益」；若把人生視爲有限資源，則在新生死學的安身與了生兩方面均納入管理考量，當能未雨綢繆，事半功倍。管理學是一門講究實務應用的中游社會科學學科，至今約有百餘年歷史。最早源於工廠生產製造流程的設計，分別針對人、事、時、地、物作出最有效率的安排；及至商品經濟時代的到來，遂得以大放異彩。管理學術根據實務應用的分析，發現管理活動至少具有五大功能：「規劃、組織、任用、領導、控制」，這些功能皆出自管理階層尤其是領導者之手，使之順利作用於組織機構的各部門。相對於作爲群體的組織，個體本身同樣可視爲各種資源的統整，我所提出的「生物—心理—社會—倫理—靈性一體五面向人學模式」，即可類比於組織中各部門的資源管理，而管理的第一步則是

規劃。

2.規　劃

　　規劃就是計劃，政府部門長期實施的「行政三聯制」，包括「計劃―執行―考核」，同樣可以跟管理五功能相互呼應。新生死學指引華人以安身與了生之道，採取的「儒道融通」途徑，其間關係可以想像成一道漸層渲染的過渡，亦即依年歲日長而將心態從儒家的兼濟向道家的獨善流轉移動。倘若生涯三十載是由「而立」發展至「耳順」，則儒道思想於個人身心內化的比例，大致可在「知命」之年有所交替；換言之，五十前後的生命情調就需要有所轉化了。歷史上對此反思最有心得也最爲深刻的人便是白居易，他一生在朝爲官，高至二品，七十致仕，富貴終老，且留名千古。有趣的是，他從四十三歲起就因爲領悟到官場無常而走向獨善，具體體現爲詩作從「諷諭」轉向「閒適」，反映內心的大幅變化。這是他對自己作品的歸類，也算是人生規劃，此後他就步上「中隱」之道了。

　　高中將生命課與生涯課並列同時規定必修實有其深意，蓋人生三齡都需要從事規劃，尤其生涯規劃爲最。高中面臨考大學及日後進入職場的競爭和挑戰，修習生涯課主要是爲定向與安身，一旦順利就業就需要爲立命作打算了。「安身立命」本爲禪宗語，於今可引申爲「安頓身心、樹立理想」。現代人若得正式就業，至少成家立業養家活口沒問題，剩下就應該開始考慮如何在三十年職場生涯中樹立理想並付諸實現，這時便要進行妥善規劃。規劃的藍圖呈現爲計畫，計畫分爲近程、中程和遠程三種，前者一至三年，中者四至六年，後者七至十年；例如教育部所頒布四年「生命教育中程計畫」，跨度爲2018至2022年。以此觀之，個人生涯至少可擬定三輪遠程計畫，首輪之中又可細分爲近程和中程加以設計，如是方得一步一腳印完善生涯。

　　以我自己爲例，因爲入行較晚，生涯起步比多數人都慢，三十五

歲拿到博士學位正式在大學任教才開始；但是此後三十年竟然奇妙地開
創了生涯三部曲，至今終得實現自家本事，成一家之言。簡單地說，任
職副教授後的主要目標便是升等爲教授，我在九年之內達成，且由通識
課教師轉化爲生死所所長。第二個十年我經歷了重大的心智「典範轉
移」，從「西學」（西方知識）走向「中學」（中土學問），治學方向
則由生死學擴充至生命教育。至於第三個十年更得以自我實現，持續著
書立說而提出「大智教化」自家本事，更在不斷深化，包括本書創作在
內。我思故我在，我手寫我心，如今雖已由生涯逐漸過渡至生趣時期，
以較爲閒適的心境隨緣推廣心目中的大智教、人生教，但終究已經不忮
不求。將「中隱」昇華爲「老隱」，樂享「老確幸」是也。

3.策　略

　　生涯規劃一如組織管理，可以分爲近中遠程三階段來落實；遠程
樹立策略，中程訂定目標，近程執行方案。樹立策略便是提出遠見和願
景，必須具有較爲宏觀的全方位視野，抓大放小、去繁從簡，如此方能
恰到好處。上篇之末曾提及，策略大師司徒達賢教授寫道：「在決定要
『如何做好一件事』之前，必須先決定『哪一件事才是眞正值得投入
的重點』，這即所謂 "do the thing right" 和 "do the right thing" 二者的
差別，也是大家所熟知的觀念。」依常識看，這就是指「大處著眼、小
處著手」的差別；從策略通過目標到方案，正是由大至小次第落實的途
徑。再以我自己爲例，生涯三輪的研究策略分別爲科學哲學、生命教育
及大智教化，當時一一通過自我貞定而漸次開展，只不過具體目標和執
行方案在當下並不十分明確，而是「嘗試錯誤」下的經驗積累結果。

　　新生死學爲了提供廣大華人從事生涯規劃的方便法門，乃借題發揮
採用管理實務裏的遠中近程規劃來進行闡述；在中遠程的策略規劃上，
強調的是如何妥善「大處著眼」。想像一個有爲青年已踏入職場，希望
在三十年職涯中循序漸進、更上層樓，最好是一開始就作出首輪十年的

策略規劃。畢竟世事多變，十年上下的遠景已近極限，再長久的事態終究不易掌握。現代人的職涯大多跟組織管理息息相關，因此在思考生老病死的安身立命方面，把管理中的策略規劃派上用場實屬必要。身為職人當然一方面要為組織設想，另一方面肯定也需要將自身前途願景納入考量，如是方能既勝任又產生成就感。職務上的勝任大多取決於客觀形勢，但內在的成就感卻繫於自身的主觀條件；譬如有些人足以跑業務，有些則適於當幕僚，因人而異，所以必須有先見和自知之明。

　　職場生涯的歷程主要是以職位定權責，職位的設置則來自組織的設計與賦能；個人生涯的策略規劃大多以升遷為目標，其中最該注意的便是避免被「彼得定律」所牽制。管理學上的「彼得定律」意指員工會因為表現優異而獲得升遷，但是用於較基層的技術職能，並不足以完全適應中層以上的管理職能，以致有可能停滯在一個最不勝任的位置上進退不得。為避免陷入此一尷尬局面，理當未雨綢繆及早培養擔當管理者的學養能力，譬如在職進修MBA。基層員工憑本事技能幹活兒，一旦當上中階經理人，就必須學會承上啓下的管理工作。這點在生涯伊始就需要納入生涯考量，至於第二輪的考量則以更上層樓為目標。然而高處終究不勝寒，而且職缺也少；因此從事不求聞達的個人志業，在此可列入策略選項。志業是比職業和事業更深化、更崇高的理想，可為生涯創造附加價值。

4.目　標

　　相對於職場生涯的長期策略規劃主要在制訂大方向和藍圖，中短程的目標與方案就必須設計得具體可行。目標依策略指引，策略靠目標落實，二者缺一不可，否則流於空談。說起人生奮鬥目標，許多人立即想到「名、利、權」；如此雖無可厚非，但只看見結果而未及過程，有可能流於不擇手段的下策，宜盡量避免。放眼看時代，過去中土讀書人只有官場沒有職場，科舉取士若未及第，就得回家自食其力。這種情況自

宋代以後起了變化，資本市場的雛型開始萌芽，至明代而大興。士子除了做官一途外，還可以選擇靠一技之長謀生餬口；唐伯虎官場失利靠賣字畫終老，依然成爲永垂不朽的藝術家便是一例。現代華人基本都生活在西方市場經濟體系下，連標榜社會主義的大陸也不例外；中產人士使用蘋果手機及電腦、吃麥當勞和肯德基、喝星巴克等等，在在顯示西方價值已佔上風。

　　新生死學追隨新生命教育的腳步，主張「文理並重、東西兼治；物我齊觀、天人合一」的知行路線，在西方後現代與後科學精神輝映下，自我貞定本土文化儒道融通的核心價值。這是一套「西用中體」的治學立場，即以中土思想貞定主體性，同時向西方思想求緣以有助於實務應用；其立場必須切實堅持，不可本末倒置。此一立場基本上呼應了傅偉勳對生命學與死亡學的分判，「現代生死學」遂應當深化爲「華人生死學」，不必放諸四海皆準。華人生死學可與我在此所建構的新生死學相互通透，以華人社會爲實踐座落之處。它雖然能夠超越國家的限制，但仍需權宜考量在地現況以免不相應；像大陸談生論死卻不碰宗教，此與臺港澳及星馬的情況大異其趣。不過新生死學同樣少涉宗教，代之以儒道融通下的擬似宗教，此即大智教或人生教，以反諷之姿堅守現世主義生命情調的抉擇。

　　現世主義相信人死如燈滅，從而特重活在當下之可貴。當下之處境其實就是米蘭昆德拉所指的「生命中不能承受之輕」，意謂沒有重新來過的可能。既然如此，則人生最重要的生涯時期之策略規劃下的目標訂定，就必須愼重其事而非掉以輕心。若以「名、利、權」爲奮鬥目標，不是不好而是不足，需要加以轉化，亦即讓達成目的的手段變得更柔軟、更細緻、更有人味，並且創造「利己」之外的「利他」附加價值。以職場生涯爲例，爭取更高的名位和權勢，是爲了做出更大的事業及貢獻，而非僅止於跟別人拚個你死我活。雖然孫中山曾經表示要做大事不要做大官，但平心而論，有了官位做起大事來可能更順利。生涯過程中要知己知彼，將目標眼光看遠些，且應不時評估自身條件與能力是否

足以實現理想，而非只想出人頭地。總之，適性訂定三至五年的奮鬥目標，生涯可長可久矣。

5.方　案

　　我是學人文的文人，生涯發展的市場在科技掛帥時代相對較小，不是耍筆桿就是耍嘴皮，結果我兩種都做過；退伍後當了三年雜誌記者和編輯，拿到博士學後則教了三十年書。反身而誠，單打獨鬥的教學生涯比較適合我的自了漢性格，尤其四十三歲升上教授更無後顧之憂。每年放四個月寒暑假卻領十三個半月薪水，又能不斷深化心智且終成一家之言，可謂極其愜意的人生志業。至於三年編採經驗，則相對接近一般人的職場生涯。如今回想起來，那就是一段朝九晚五的臺北東區白領歲月，在大樓電梯間上下穿梭，跟公司組織各部門單位人員進行有一搭沒一搭的互動，生活平淡無奇。唯一覺得欣慰的時刻，是自己的文章變成白紙黑字，載入陳列於書報攤的雜誌內。我參與過的期刊至今仍在市面上流傳的是《常春》月刊，屬於醫藥保健雜誌，果真依舊長青。

　　當年以完全沒有任何專業背景的身分踏入新聞傳播界純屬偶然，但不久就得心應手，爬起格子來更是揮灑自如，加上文章每週問市多少有些小小虛榮，一度甚至想以編採生涯安身立命。但是我接觸到的都是些保健、婦女、影視之類軟調新聞，跟我花了六年念到的哲學碩士一點關係也沒有；後來更發現這些事情連五專編採科畢業生都做得比我到位，遂不免萌生去意，想回學校當老童生。依此看來，策略上我想當學者和老師，首要目標便是考取博士班，具體方案則是一步一腳印地拚過關。所幸冷門的哲學博士班報考人數不多，八人取五名並非難事，我花了四個月衝刺，結果如願以償以第三名錄取，從此改變生涯路線至今。記得那時候是過完年下定決心離開職場回到學校，不願多張揚，只有一位會寫小說的同事給予我肯定和鼓勵，未料三十年後她也在大學任教。

　　我的編採生涯未能永續發展，多少因為個性使然；雖然我在職場

中的配合度不差，但以一名資淺編輯看著雜誌主編、總編輯、出版部經
理、公司副總經理、總經理等職位升遷途徑，不免為之氣短。比較起日
後拿到博士學位立即以副教授聘任，面對的只有一個教授升等關卡，簡
直不可同日而語了。三十多年前以博士謀教職不像今日這般人浮於事，
我自口試通過不到三個月便謀得「安身」的正職，至於如何「立命」，
就在相對安定的學校環境中逐步實現。為了達成升等的重大目標，我花
了五年時間執行撰寫學術論著的具體方案，其間過程甚至是以「鋌而走
險」方式進行，很可能「不成功便成仁」。因為我研究跨界的科學哲學
已屬另類，更選擇以保守哲學圈聞所未聞的女性主義，去建構一套全新
的「護理學哲學」論述，無疑是一大冒險。幸好到頭來科學與哲學左右
逢源，終得突破矣。

6.書　寫

　　我的教授升等論文標幟著生命情調先從認知向情意轉化，再由西
學向中學靠攏的抉擇與貞定，當時為了生涯發展更上層樓，雖然任性地
冒著極大風險去研究相當冷僻且另類的主題，但是遊戲規則擺在跟前，
還是得乖乖照辦才是上策。在臺灣此一全球學術研究的邊陲地區，面對
一大群歸國學人在各領域學科把關，不隨著他們的遊戲規則起舞，肯定
得不著認同。簡單地說，作人文社會研究就必須盡量參考外文主流期刊
及專書，我只懂中英文，寫論著僅能拼命參考英文努力呈現中文。結果
從策略到目標及方案一以貫之，我終於成功了。代表作共分六章十二萬
字，總共參考了三百種英文文獻，前三章且以論文形式在學刊上逐年發
表，連續三年得到國科會甲種研究獎勵。這是我此生在知識生產上空前
絕後的重大成就，此後遂無後顧之憂，而逐漸淡出主流學界，堅持走自
己的路直到今天。

　　得知升等過關是四十四歲的事，那年我剛好到南華擔任生死所所
長，並且接觸到生命教育，從而發現人文社會研究的質性方法頗具新意

與巧思，值得學習效法。蓋質性方法受惠於哲學中的現象學和詮釋學，尤其後者源自對宗教經典的解讀，極為看重「意義」的彰顯。過去二十年我帶過不少研究生寫生命教育論文，清一色都是作質性研究。質性方法有一種「敘事研究」，主要在於詳細記錄研究對象的「生活故事」，再賦予深刻的「意義詮釋」。這是一種相當主觀式、個人化、情意性的文字鋪陳，幾乎類似寫小說，卻是道地且嚴謹的學術研究途徑，令我大開眼界且大受啓發。半百之後我已無心作「我註六經」式的研究，倒是寫出不少「六經註我」式的小品，記錄自己的生活故事，進而呈現鮮活的生命學問。

　　過去我寫過四種生死學教科書，主要是作為授課講義；後來又完成兩種生死觀小品文集，希望以文會友。眼前這部則是第三種，有意兼具宣講和交友的知性與感性雙重效果。也正因為如此，遂嘗試將新生死學的建構導向情意面的生命敘事，用我自己的生活故事集所思所感交織成百帖小品，說與有緣人聽。雖然題為《新生死學》，卻是在講述我自己的生活體驗和生死觀，目的則為激發讀者開創自身的生命學問。這種書寫方式無需引經據典，而是信手拈來；當我讀到傅偉勳的《死亡的尊嚴與生命的尊嚴》，以及余德慧的《生死學十四講》，就是這種感受。傅老的書記錄下他罹癌的心路歷程，余教授則將安寧病房內罹癌患者的生路歷程忠實記錄下來，皆予我極為強烈的衝擊和反思。為追隨前輩腳步，我不揣淺陋道出自己平凡的生活故事，作為討論生涯發展的註腳，應該不算離題。

三、新生趣

1.兼　濟

　　我將社會學所指的「人生三齡」分別賦予「生存競爭、生涯發展、生趣閒賞」三階段內容，但不是一刀切，而是漸層渲染，相互通透，分列僅代表各階段特色而已。由於生涯時期處於人生旺年且至少長達三十載，適足以作爲承先啓後的重要階段；生涯前期仍不時要爲生存奮鬥，及至後期則逐漸體現生趣之妙諦。一個人步入生趣階段大多已入老，以當前國人平均餘命超過八十來看，老後若無太多病痛，尚有十幾年清福好享。「萬物靜觀皆自得」，宋儒程顥早就把靜觀閒賞的眞義描繪得如此親切，幾乎唾手可得。「自得」是一種生命境界，在明代大儒王陽明看來正是「反身而誠」的自我貞定工夫，一旦修成則無向外馳求之誤。陽明心學的精神可上溯至孟子，亞聖將「兼濟天下」與「獨善其身」對照地看，可作爲我們安頓新生趣的思考起點。

　　孟子講「兼濟」與「獨善」，還需要考慮是否受到外在情勢「達」與「窮」的限制；如今新生死學建構「安身立命」的論述，主張可以超越此等限制而直指人心，從而作出存在抉擇。沒有錯，人生在世主觀條件操之在自己，客觀形勢成之於環境；但是人作爲靈明主體，具有「主動能動性」，還是足以盡可能在環境限制中走出自己的道路。倘若將「新生趣」納入「新生涯」後期來實現，譬如在年過半百後反身而誠，當會發現兼濟大可「盡力而爲、適可而止」，此刻便是主動調整心態走向獨善的恰當時機。獨善不必繫於「窮」，兼濟也無需等待「達」，尤其身處在後現代多元社會中，機緣俯拾即是，端看自己能否發現、會不會用。以兼濟而言，如今根本不必去想什麼「治國、平天下」，「合

群」便已足夠。這是指關心並參與社會，例如除了職場生涯外，當志工服務人群也不乏成就感。

認真想來，古人心目中的「兼濟」，在現今的最佳作法就是「敬業樂群」；這包括在職場中「敬業」，以及在社會上「合群」兩方面。除了自由業或是自行創業例如當網紅，但這些終究是少數，現代人大多仍在組織中討生活，軍公教和上班族都一樣。以我而言，雖然教職有較多獨當一面的可能，但畢竟仍屬學校一員，聘書一年領一回，且載明有「教學、研究、服務、輔導」的責任，連入行前與退休後的兼任都不例外。我當老師至今三十七載，謹奉職責和良知行事，大致算得上敬業。但除此之外，我也有一些經世濟民、自度度人的理想，此即「大智教化」。大智教化是既有官方生命教育的民間版、成人版、擴充版與升級版，雖可用於學校教育，但主要作為社會教化，媒介平臺就是實體書出版品，以及虛擬的網站民間書院「大智教化院」。宣揚反諷的「大智人生教」，正是我的兼濟途徑。

2.獨　善

我自忖沒有投身社會運動的興趣和能耐，不願起而行，但求坐而言：當老師大半輩子，加上不斷著書立說，無論如何也算沒白活，不致混吃等死。一如當年幹記者寫些風花雪月或無關痛癢的報導文字，只要雜誌刊出問世，還是有些小小虛榮，這種心境最近又不時浮現。有回在中山地下街誠品書店發現有六種我的著作上架，另外則在北投圖書館看見我有八本書館藏，讓我心中竊喜，畢竟爬格子的苦心沒有白費。以持續書寫廣結善緣雖屬兼濟理想，卻源於長期獨善工夫下的自家本事。我自許但不自詡為「思者醒客、智者逸人」，一生多少體現為「我思故我在」，於是在「我手寫我心」的因緣流轉中，數十部著作遂源源不絕生成，有幸實現「以文會友、以友輔仁」的理想。獨善之我自有識之日起便對道家「無求於人，亦不為人所求」的意境心嚮往之，乃奉行而成今

日之我。

　　或許可以這樣說，老來我越發能夠運用獨善工夫去完成兼濟事業，那便是體制內的教育與體制外的教化並行不悖。年近七旬，時不我予，理當認清「有為有守，無過與不及」的大智大慧。在資訊科技當道的時代，只要不停創作，還真的有可能「立言以不朽」，唯願不被後人否定或取笑。必須坦承的是，眼前這部《新生死學》絕非學術論著，而屬心靈小品；身為「大智教化主」，我完全無心回返學術寫作的窠臼，這點在回憶錄《六經註》之中已明白表達。尤有甚者，雖然生死學已經辦成博士班，我還是認為它呈現為「心性體認本位」的生命學問較親切。生死學有沒有專家？沒有死或至少沒有大死一番的人不足以成為專家。依此看來，法國哲學家傅柯和我的同鄉老友鄭曉江都選擇走向「終極體驗」一途，「在世存有」雖劃上句點，「生命敘事」卻永垂不朽。

　　十餘年前我的職場生涯出現過一回大動盪，臨時受命接下學校的院長職務，為迎接一年多以後的大學評鑑打拼。猶記一年半之內共參加大小會議起碼兩百場，因為私校若是評鑑結果不佳，立即會影響政府補助，不可不慎。如今想來，那真是一段「人在江湖，身不由己」的生涯經歷，令我亟思退隱之志，遂寫下「享閒賞情趣，親性靈體驗；做隱逸文人，過澹泊生活」的四句教以自我安慰。不過後來發現評鑑還是有其好處作用，例如讓學校真的啟動學術休假制度。我正是因為擔任要職積分甚高而申請到休假一年的機會，便於評鑑結果公布皆大歡喜之餘遞上行政職的辭呈，選擇去對岸講學研究，放棄還有一年的任期。如此看來，我仍是一個以獨善為重的傳統文人。不過教師正職二十五年半之中，有十一年半擔任主管職務，皆能勝任亦無閃失，兼濟依然及格也。

3. 中　隱

　　「中隱」之道是白居易的偉大創意，為後世官場不順的人提供了了不起的身心慰藉，我正是在擔任院長那兩年任內，體認出它的妙用。中

隱乃相對於大隱和小隱而言，傳統上有「大隱隱於朝，中隱隱於市，小隱隱於林」之說，反映出古代文人在「仕與隱」之間所作成「生命情調的抉擇」。因為至少在明代以前，讀書人不是進入官場就是在家自食其力，陶淵明乃是最佳例證；不過他是主動辭官，回家去當個真正隱士。退隱的處世之道雖然為道家所重，但是孔子也曾經起心動念，譬如他贊賞曾子父親曾點之志「浴乎沂，風乎舞雩，咏而歸」，自己也有過「道不行，乘桴浮於海」的嘆喟，在在顯示讀書人內心自有一方避世夢土，足以令其進退自如、收放自如。當然隱於廟堂之上的「大隱」如今已無可能，但於生涯中公私領域各自發展的「中隱」卻值得效法。

　　必須說明的是，中隱之道不宜太早落實，年過半百再上道為佳；因為那時候職場生涯已由盛而衰，需要及早作出生命情調的「典範轉移」，以免不適應而感到失落。中隱的真諦在於「不積極作為」，但絕非「積極不作為」；前者對應「五十知命」而有為有守，後者則流於打混摸魚殊不可取。民間有句俗話足以當作「不積極作為」的最佳註腳，卻被大多數人誤解為消極混世，那就是「做一天和尚撞一天鐘」。這句話的奧義深藏於道家楊朱的「為己」思想，體現出澈底的「獨善其身」；人們多詬病其「獨」以為自私，但真正用意在於「善」的自掃門前雪之獨處之道。這其實正是道家對儒家不滿之處，認為儒家老想教人兼善天下，卻可能弄得天下大亂，反不若小國寡民的桃花源幽境來得令人嚮往。平心而論，二者著實皆有所偏；時至今日，唯有儒道融通方為坦途。

　　在新生死學的安身立命方面提倡中隱之道，看似突兀其實切中，這當然要把人生放在「向死而生」本體論的脈絡內來看，方得其間大智大慧箇中三昧。畢竟人生不脫生老病死、生住異滅、成住壞空，既然是非成敗轉頭空，那麼無論如何入世用世都無關宏旨，反不若出世避世來得務實。我並非在此表達悲觀消極，而是提倡看破看透看開，以掃除對「有為」的執著迷思，從而通過澈悟而達於「為而不有」之境。這一點唯有莊子看得開，傅偉勳說：「祇有莊子，不但並談生死，更能直接

凝視死，體驗死亡，把自己整個生命投入生死問題的實存主體性探索，藉以發現一條不依傍任何外力外物的大徹大悟，精神解脫之路。」拈出「中隱」之說的白居易在生命後期逐漸認同莊子，他的「閒適詩」之分類即來自莊子對「閒」與「適」二字的引用。有人統計莊子使用此二字次數居先秦之首，絕非偶然。

4.存　真

古希臘哲學家主張人生應該追求「眞善美」，此一思想影響及中世紀的天主教哲學家；時至今日，我的母校輔仁大學不但宗奉中世哲思，更以「聖美善眞」爲校訓。將眞善美三者並列源自西方，至今雖然在華人社會朗朗上口，但其中蘊義還是必須經過本土轉化方不致失焦。蓋此三者最終都投射於天主上帝身上，成爲他絕對不移的屬性；換言之；上帝就是至眞、至善、至美的化身。如此至高無上的特性歸於作爲「無限存有」的上主，卻難以在「有限存有」的個別之人身上體現。在西方天人始終被判成兩橛，人再怎麼努力也不可能成爲神；此與華人相信成聖成賢或立地成佛大異其趣。新生死學作爲華人生死觀的反映，主要將西方外在於世間的「知識眞、倫理善、藝術美」，轉化爲中土內在於個人的「存本眞、積吾善、成己美」，從而通過修養工夫自我貞定，藉大智教化推己及人。

說人應該「存本眞」即指要常保眞性情，不爲俗事塵務所遮蔽，尤其不能刻意地「媚俗」地活著。要向華人推廣本眞存活的義諦，當然必須回到「中國生死學的開創者」莊子身上。莊子發現「且有眞人而後有眞知」，傅偉勳的詮釋是：「如無眞人的心性體認、大徹大悟，包括生死觀、物化觀、齊物觀等等在內的莊子『眞知』，也就變化成文字遊戲，可有可無了。」他並進一步表示：「莊子的『眞知』即是理想人格所體現的生死智慧。」新生死學對此極爲認同，更希望通過大智教化推而廣之。「中隱」之道正是白居易爲「中年中產」的人所提供「存本

眞」的方便法門，亦即人到中年要懂得公私分明，並且堅持留下一定的時間給自己，去揮灑本眞的人生，而非總是戴著面具扮演職場生涯中的社會角色，甚至狂熱到公而忘私，最終忘了自己是誰，豈不悲哀？

中隱還是有個職場作爲謀生餬口的靠山，樂天七十致仕，此後五載得以安享天年，自然無需煩惱「仕與隱」的抉擇。他在辭世前夕寫下一首「自詠老身」的詩，末兩句爲「**支分閒事了，爬背向陽眠**」，意思是「閒雜事等打點妥當，搔背之餘向陽而睡」。如此一幅樂天知命的景象，果然不負「樂天」之名，更讓後人看見並且羨慕詩人終得走向反璞歸眞的化境。其實回返本眞重拾眞性情，並不一定到老方才實現，一個能夠大澈大悟的思考者及愛智者，在現實生活中隨時可以把握當下擇善固執，不人云亦云，不隨波逐流，通過深思熟慮後堅持走自己的路。像我自從知命之年逐漸朝向本土文化與生命學問靠攏，下筆行文也就體現性靈開顯，例如在五十有五從事生命書寫時，標幟出「**求眞：生存基調的鞏固、行善：生活步調的安頓、審美：生命情調的抉擇**」，大致反映當年的心之所嚮。

5.積　善

「存本眞、積吾善、成己美」可視爲我在建構新生死學之中所提倡的「新生趣三部曲」，它們大多在人生下半場逐漸發揚光大，但是可以早日接受啓蒙，放在心上，等到潛移默化的作用發酵。像我面對二十上下的大學生講授生死學，至今長達四分之一世紀，最初聽課的人已步入中年，不知當時隻字片語是否仍足以啓迪人心。尤其我自始便規定寫遺書當作業，希望同學留存底本，在日後的人生道路上不時拿出來省視修訂。想像一名年輕人首度交代後事的心情起伏，雖屬虛擬寫作仍不免震撼心靈；待年長再拿出來反覆斟酌，不知又是何等情境。中年時期修訂遺書肯定更會有感而發，因爲情況逐漸從事不關己步向生死攸關，這個年紀開始要面對父母長輩陸續辭世的現實。與其亡羊補牢，不如未雨綢

繆，用旁敲側擊的方式嘗試讓父母立下遺囑，可謂功德一件。

　　依常識看，「善」所指即是「好」，以與「惡」之「壞」相對，它在西方構成倫理學甚至宗教信仰的核心價值。宗教勸人為善避惡，由於諸事萬物皆由上主所創，於是世間存在著惡便構成弔詭矛盾。神學對此的解釋很獨特，為顧全「神性」於不墜，遂將「惡」解釋成「善的不足」；是善行不夠，而非有著與善相對的獨立之惡，如此可謂用心良苦。至於倫理學同樣要求世人行善避惡，並以此規範人際關係，個體待人處事皆要依善行事。總之，善心和德性為上主加諸於人的本質，必須加以彰顯，以體現「創造」的奧義。回到東方思想，儒家關注社會倫理，除主張性善更講究仁愛，而民俗信仰則教誨人們努力行善，並謂「積善之家必有餘慶」。凡此種種，幾乎都著眼於安頓人群相處，反而較少觸及個人反身而誠下的自處之道，新生死學遂有意推陳出新，主張以「積吾善」為重要人生實踐。

　　雖然哲學家馮友蘭及胡適都認為倫理學就是人生哲學，但是新生死學卻主張二者有差。倫理學處理人際關係固無疑義，但人生哲學卻可以完全自我貞定、不假外求；意思是說人生哲學足以走向澈底個人化的思想，不必考慮「他者」的問題，也就是真正的隱逸哲學。不過在人生大幅異化的現今，這已經完全不可能了。人既無法擺脫天地、環境、別人的羈絆，不妨退一步盡可能自我安頓，將本身的好與善發揚光大，此即「積吾善」的修行工夫。在生趣閒賞的人生階段，積吾善起碼要懂得如何自處，學會自求多福、自得其樂。尤其重要的是，應該妥善安排自己的「前事」與「後事」；換言之，就是自行把握如何好死善終。人的一生到頭來只有在核心家庭、頂客家庭或獨身中告終，其他親友皆事不關己亦無關宏旨，於後現代多元社會此乃人之常情，不可不識，以免抱憾而終。

6.成　美

　　死亡幾乎完全是自家的事，頂多讓配偶及子女出力料理後事，而那些樂於或不情願參加喪禮的人均可有可無，無關痛癢。此乃新生死學的基調，亦即在「存本真」、「積吾善」的自我貞定中，走向海闊天空、自由自在的「成己美」。近年我宣稱創立了反諷式擬似宗教的「大智教」或「人生教」，有人問以信徒需何種條件，我的答案很簡單，認同現世主義並力行環保自然葬的人便歡迎入教。講授生死學四分之一世紀，我始終相信人死觀在相當程度上反映人生觀：面對連自己的臭皮囊都難以放下捨得的人，只能說「夏蟲不可以語冰」、「道不同不相為謀」。我的繼父指定捐贈大體，母親遺言燒灰灑海，我都從善如流，自己也樂於效法。我們夫妻奉行無後主義，對後事更追隨奇美集團老闆許文龍的「五不」：「不治喪、不豎靈、不設牌、不立碑、不佔地」，大智教「由死觀生」便始於此。

　　新生死學不是違反傳統、離經叛道，而是與時俱進、改革創新。我是臺灣殯葬改革的重要推手之一，數十年在喪事行禮如儀的繁文縟節中，發現另類的美感體驗之可能，包括生前送行會和死後紀念會，這些都可以取代喪禮。不舉行喪禮但仍有喪事要辦，聯合奠祭正是最佳選項。簡潔便是美，生趣閒賞中的「成己美」在落實「輕死重生」的原則下走向「由死觀生」，一旦後事料理安排得宜，則老後生活即無後顧之憂，可以含笑以終了。不過這只是交代後事一切從簡，然而在現今醫藥發達的詭局中，臨終階段卻可能陷入求生不得、求死不能的苟延殘喘慘狀，亟待有所突破改善；〈安寧緩和醫療條例〉以及〈病人自主權立法〉固然是良法美意，但安樂死立法同樣有必要且刻不容緩。如今世上有越來越多國家和地區已經立法，先進如包容同志成家的臺灣，理當起而效法之。

　　好死善終的自我安頓既體現「存本真」的靈性要求，更落實「積

吾善」與「成己美」的自主理想。在最終極的情況下，「理性自殺」亦可列入考量。看電視上記者傅達仁遠赴瑞士尋求安樂死，在接過別人遞上的毒藥一飲而盡倒身而亡。如果僅止於此，那爲何不自己在家中仰藥自盡，而要花大錢遠赴重洋？電影「非誠勿擾2」給出另外一種唯美的選擇：富商罹病臨終前，在生前送行會上跟親友話別，然後買舟投海自沉，遺體火化成灰植入花盆與女兒相伴，如此安排豈不美妙？「應盡便須盡，無復獨多慮」，死期既至不必苟活，自我了斷也是一計，安樂死的眞諦便在於此。一旦前事後事都得以妥善安排，則老後大可痛快活好活滿，到頭來不知所終不亦快哉。沒有子女便無所牽掛，老夫老妻中，後走的人大可「盡散」而非「散盡」家財，留一部分買生前契約託人料理後事，如是而已。

四、新生死

1.天　命

　　《新生死學》至此終於進入末節六帖，題爲〈新生死〉，目的是爲推陳出新、振聾啓瞶，說與有緣人聽。我所建構的新生死學本著「後科學、非宗教、安生死」的大纛，將安身與了生的核心價值置於「儒道融通」的人生美學中，而以傅偉勳筆下「中國生死學的開創者」莊子爲大宗師，從而在歷史長河中發現一系列追隨他的人格典範，包括陶淵明、竹林七賢、白居易、蘇東坡、唐伯虎、公安三袁，以及林語堂。「儒道融通」的眞諦乃是「儒陽道陰、儒顯道隱、儒表道裏」，至少就生死關懷而言，儒家只能身處外圍，唯有道家莊子得以居於核心。傅偉勳指出：「孔子、墨子，孟子與荀子都割開生與死，重視生命，避談死亡，頂多當做生命的結束而已……。連代表道家的老子都……一樣割開生與

死，以生爲貴，對於死的問題並無興趣，也無具體切身的深刻體會。」唯一例外正是莊子。

莊子以其藝術生命開創出獨樹一幟的人生美學，足以取代任何宗教信仰，讓人得到身心解脫，當代新儒家學者徐復觀在《中國藝術精神》中寫道：「人在美的觀望中，是一種滿足、一個完成、一種永恆的存在，這便不僅超越了日常生活中的各種計較、苦惱，同時也超越了死生。人對宗教的最深刻的要求，在藝術中都得到解決了，這正是宗教最高境界的匯歸矣，因而可以代替了宗教之所在。莊子正提供了此一實證。」莊子人生美學中的大智大慧自有其深意，傅老發現：「莊子能以超凡的生死智慧，克服原有命定論傾向的無可奈何、悲愴淒涼之感，而爲道家傳統建立了具有深奧哲理的生死學規模」。這其中所指的「命定論傾向」，在孔子看來只有一解，即是「盡人事，聽天命」，對此我給出的詮釋乃是「發揮個人潛能，體認內外限制」。生老病死都會帶來限制，多少予人無可奈何之感。

妙的是白居易正有一首詩題爲「無可奈何」，將個人死生之無奈感化爲文字向莊周求緣：「惟天長而地久，前無始兮後無踪。蹉吾生之幾何，寄瞬息於其中。……何不與道逍遙，委化從容？縱心放志，洩洩融融。……雖千變與萬化，委一順以貫之。爲彼何非？爲此何是？誰冥此心？夢蝶之子。」此與陶淵明的委順運化之心相彷，都可以上溯至莊子的物化思想。莊子認爲人之生死不過氣聚氣散，但活著卻可以用一心之發用突破生死大限。胡適將莊子這方面的思想視之爲唯物進化，馮友蘭卻歸於唯心；但在我看來率皆唯實，毫無神祕之處。新生死學認同常識實在論，對一切怪力亂神皆敬而遠之。孔子天命觀可以用人事論去化解，亦即在聽天由命之前，先問問有沒有善盡人事？進一步看，天命與人事的糾葛，可以用「命」與「運」二分解決：「命好不怕運來磨，命差則靠運來補。」

2.人　事

　　世人多相信「命運」，但若將「命」與「運」拆成兩件事來看，無形中就多了一種選擇。新生死學建議將「命」視爲已被決定的先天條件，而「運」則歸足以操作的後天努力。就以算命爲例說明，倘若冥冥中一切皆屬命中註定，那算跟不算又有何差別？事實上人們「算命」大多爲了「改運」，這表示還是有一些情況沒有被決定而等待人們去改變，如此便爲「事在人爲」提供了很好的動機。把這整套論述放在死生大事的抉擇上面看，一個人生病與否半是遺傳基因半由健康習慣所決定，當然自然社會環境所造成的天災人禍也是原因。再進一步把問題拉近到眼前來考察，臺灣既是「現代生死學」的創生地，同樣也適於在近三十年後建構「新生死學」。我在本書中經常引用傅偉勳的話語，一方面固然是在向前輩致敬，另一方面也希望發現既有生命學問中的活水源頭，從而開啓新興觀點。

　　新生死學的建構屬於新生命教育建構下的局部深化，但也可以將二者視爲同樣一套核心價值的不同表述。我的上一部書《新生命教育》是用萬字論文體裁書寫，分十二章次第呈現；本書《新生死學》則以百帖千字文性靈小品娓娓道來，但二者皆不失借題發揮的作用在內。在我看來，無論是生死學或生命教育，情意成分均大於認知，亦即「抒情」多於「講理」、「詩意」多於「邏輯」、「感動」多於「說服」。回憶我的學思歷程，歷經半個世紀，已成書《六經註》詳記其實，在此僅表明一項心跡，那便是我從感性的存在主義出發，通過知性的科學哲學洗禮，再到悟性的大智教化落腳，象徵著自己在善盡「人事」方面的不懈努力。還是那句話：我手寫我心、我思故我在；新生死學的建構呈現出來的不是系統知識的舖陳，而是生命學問的流露，筆下正是一個傳統文人的生死觀解。

　　「臉書」網站要我爲自己作出評價，遂開懷寫下吾乃「城之隱者、

今之古人」。都市生活雖人車雜沓卻應有盡有，隱於其中倒也愜意自在；而文人教師生涯大半生已過，尚友古人的嚮往卻益發強烈。文人性格傾向在冥冥中將我引領至學者教師的道路上，而且講授大多是我最感興趣的人生哲理課，可謂如魚得水，不禁要對社會表示感恩之意。哲學作爲一門古老學科始於古希臘，探究問題不外「天道與人事」，當代新儒家學者唐君毅將之表述爲「宇宙與人生」，這正是我的博士論文題目。宇宙雖然至大無外，但指的就是時空，人生則座落於天地時空之中經歷生老病死。新生死觀認爲人既無逃於天地之間，就該學會如何頂天立地，包括做一個有爲有守的人，執中道而行，無過與不及。一種米養百樣人，我生性保守，不樂於嘗鮮，生活力求簡化淨化，倒也甘之如飴樂在其中，至今未改其志。

3. 有　為

幽默大師林語堂是當今我最欣賞的文人，他所寫的《生活的藝術》以道家思想爲宗，係影響我一生心智發展最早也最大的著作。重考大學之前心情七上八下，讀過此書頓有醍醐灌頂之效，遂義無反顧決心報考哲學系。大師在香港去世後歸葬臺北，地點就在他位於陽明山故居的院落中，偶爾上山喝杯咖啡憑弔一番，立覺道喜充滿。林氏故居內有一匾，大師親題「有不爲齋」四字，以示其一生「有所爲、有所不爲、爲而不有」的生命情調之抉擇。林語堂在其大作內以一章篇幅探詢〈誰最會享受人生？〉，爲首即是能夠「發見自己」的莊子；他秉持智慧追問：「我們不要求知道那些不得而知的東西，我們只認識不完美的、會死的人類的本性；在這種觀念之下，我們要怎樣調整我們的人生，使我們可以和平地工作著，曠達地忍耐著，幸福地生活著呢？」

又是「中國生死學的開創者」莊子，到底他對改善人生的貢獻爲何？徐復觀在《中國人性論史》中寫道：「原始宗教墜落，有關死生問題的原始性的解說，也因之失靈。而孔子『未知生，焉知死』的合理態

度，未必能滿足一般人對死生問題的關心，所以死生便成為人生中的大問題。莊子認為人馳心於死生的問題，也和馳心於是非問題一樣，是精神的大束縛；所以他要解除思想問題的束縛，同時也要解除死生問題的束縛。」新生死學關注廣大華人的安身與了生問題，前者繫於是非判斷以「有為」，後者在乎死生抉擇以「有守」。大致而言，安身立命部分可以採用「加法式」思想的指引去「盡力而為」，了生脫死部分則務必參考「減法式」思想的教誨以「適可而止」。此一加法與減法的分判，參考大陸教育學者譚維智對於儒道二家道德教育思想的比較研究，再予借題發揮、推陳出新。

　　新生死學雖然主張「儒道融通」的策略觀點，但是時代背景卻放在後現代的今天，此與先秦時期的政治經濟社會情況大異其趣。簡單地說，古代中土思想看重的是倫理道德實踐，儒家用加法手段教人以禮樂教化及道德規範，在道家看來卻顯得多此一舉且起不了作用，因為忽略了自然本真所創造的「無為」調適力量。但那只對「做人」部分，並不適用於「為學」。在智育當道、科技掛帥的時代，人們勢必要不斷接受各種新知的洗禮，方能立足於社會以安身立命，於是加法式的學習求知遂有其必要。尤其當死生大事已緊密聯繫於醫藥科技，人們生病時必須有一些起碼的醫療常識，始能配合醫囑改善病情。新生死學基於「西用中體」原則治學，用加法式學習去吸收「西用」之精華，更將之擴充至日常生活的改善之種種，像前文所提出的新生涯之策略規劃便是一例。

4.有　守

　　新生死學由死觀生而輕死重生，發現在現實世界中，人們的日常生活還是人生主調，學習生死學的目的不過是居安思危、未雨綢繆，同時避免亡羊補牢。像我教大學生此類課程長達四分之一世紀，且規定要繳交遺書當作業，不過這一切仍屬虛擬情況，年輕人多半無感，甚至掉以輕心虛應故事。這當然不能怪同學在混學分，因為他們的確離死亡太遙

遠；尤其當臺灣人的平均餘命不斷攀升至八十出頭，此刻在課堂內談生論死，能讓二十上下的孩子體會多少？但近年我頭一回上課都會強調，在座每個人都有機會活到二十二世紀，必須及早進行生涯規劃，以因應漫長的生路歷程。至於我呢？我笑著對同學說自己只想活至七十六歲，因為那年陽曆陰曆生日巧逢同一天，跟出生時一樣，可謂有始有終。這或許是笑話，但我的確考慮活著應該有為有守，且無過與不及。

　　倘若有為表示有所作為，有守即代表有所保留；前者用於日常生活的安身立命應無疑義，後者運用的最佳時機則是臨終之前的了生脫死。當前醫藥科技相當進步，但也不可能療癒所有疑難雜症，個體無論如何終不免一死，只能退一步尋求好死善終而非備受折磨。科學家估計人類的天然陽壽最高在一百二十歲上下，而目前平均餘命卻僅止於八十左右；但是生命的度量並不能保證品質一定到位，苟延殘喘於病榻之上絕非任何人所樂見。根據目前尖端科技的發展趨勢看，通過基因改造技術，本世紀中葉前後人類或能增壽至二百，早已超過長命百歲的期望。但這究竟是福是禍尚未可知。因為一旦活至二百，則六五退休後將何去何從？勢必要延長工作期限至一百五十歲，又令人難以忍受。這種科幻情節果真實現，就需要有配套政策支撐，否則天下大亂。若再加上AI攪局，人生難過矣。

　　記得上世紀發明原子彈而結束二戰，但好景不常，擁核大國又因武器競爭陷入冷戰，危機一觸即發。當時就有思想家表示，製造原子彈需要聰明才智，但使用與否卻有待大智大慧。此一評斷在今日看來尤其重要，因為像基因改造、複製技術、人工智能等尖端科技不斷發展下去，人類物種會面臨何種劫數實未可知。基於此種不確定性所隱藏的可能危機，科技政策的制定者宜深思熟慮，寧缺勿濫，以免難以回頭。同樣考量落在生死抉擇方面，「自然死」和「尊嚴死」二者還是應該優先考慮；前者以安寧療護為最佳選擇，後者則不必排除安樂死，因為這些都是針對治療到死的另類選項。自然死的提倡者相當反對作為「人工死」的安樂死，但問題之所以有「人工死」的想法和作法，正是因為醫藥科

技所製造的「人工活」。新生死學有所保留地認為，安樂死合法化應該
被正視與重視。

5.放　下

　　在臺灣這個民俗信仰興盛的所在，「放下」、「捨得」、「有捨
才有得」之類的勸世話語隨處可聞；如此口頭教誨並不具有太多宗教色
彩，而是人們從生活體驗中萃取積累的心得，不無智慧結晶在內。人類
一如其他物種，為求生存而不斷攫取，此乃演化結果，無可厚非。但是
當人類發展出文明與文化之後，遂產生了巧取豪奪、貪得無厭的求索，
甚至因此殘害同類，古今中外不少戰爭即由此而起。這是「萬物之靈」
狠毒無良的一面，於其他物種身上絕對看不見。在這種情況下，自覺
地不再貪婪甚至懂得施捨，就顯得難能可貴了。人的這般心態轉變，在
倫理學上係以「利己」及「利他」表述之；當然利他有時候也是經過算
計的結果，但終究還是想到了別人。俗話常說：「世間走一遭，生不帶
來，死不帶去，想開就好。」是的，放下與捨得正是想開的結果。

　　佛家有句話，「此念是煩惱，轉念即菩提」，提醒人們許多事情
可以在一念之間獲得解決，大可不必鑽牛角尖。心理學稱這種轉念途徑
為「水平思考」，以別於大家習以為常的「垂直思考」。垂直思考主要
用於發現因果關係，有果必有因，問題的解決必須回到原因的源頭上面
去。問題是有時候蔽障太多，或複雜度太高，難以正本清源，此刻只好
另尋出路；把立足點向左右水平橫移，或許有機會重見天日。當然這不
是教人逃避現實，而是建議將水平與垂直思考交相為用，無形中或可多
一些選擇。反身而誠，個人心境主要表現為理性與感性的消長；有些人
習慣跟著感覺走，從而認為理性思考既多餘且無趣。但理性其實是一種
高度的感性，當感性觸動人們將手伸出去取索，理性則是那股將手收回
來的力量。若能夠做到收放自如、出入自如，就算是有智慧的人了。

　　不過話說回來，要能夠全方位地收放自如何其難，孔子自己也估計

要到七十方能「從心所欲，不逾矩」。然而生活還是有改善的可能，只要在適當時機做到放下與捨得。放下乃相對於拿起，它們的例證在日常生活中隨處可見；譬如我看見甜食便伸手取用，但一思及血糖上升立即放下。當然這只是一些瑣碎小事，卻可能在日積月累之下形成重大負面效應，不可不慎。新生死學的建構進行到最後，終於要提到養生之道的重要。很慚愧在這點上我算是不及格，好在並未死當，但也只能亡羊補牢。本書以情意書寫的性靈小品形式呈現，足以作為我講授哲理性通識生死課的參考教材，對象大多為年輕同學。年輕就是本錢，包括養生之道在內的日常生活方方面面的當下選擇，對事對物在想要取得的同時，將放下與捨得同時納入考量，應該可以算是一套「愛好智慧」的方便法門。

6.捨　得

捨得的相對是捨不得，過去我有捨不得丟掉不用東西的毛病，尤其是藏書，結果弄得一屋子堆積如山，想讀卻找不著。太太的習慣是買衣買鞋，但是她捨得送人或丟掉，因為舊的不去新的不來。這就是重點，放在生死流轉上面來看，個體的死亡形成群體的新陳代謝，一代又一代生生不息。捨得在此所指為何？還是陶淵明那兩句詩表達得很精闢，「應盡便須盡，無復獨多慮」，直白說法即是「該死就死，莫捨不得」。沒錯，聽起來很殘酷，卻代表生命實相；試想若大家都長生不死，地球上那裝得下那麼多人？不過死亡情況千萬種，過去有謂「輕如鴻毛」或「重如泰山」，但那是儒家為鼓勵士人成仁取義的說法，如今已不適用。現代死亡大致可歸於正常與非正常兩種，正常包括老病或無疾而終，後者可遇不可求；非正常則排除正常皆屬之，尤以意外、自殺或他殺為主。

老病纏身只要不弄得苟延殘喘，即使是絕症臨終，也可以在諸如安寧療護的照顧下正常地自然死亡。真正令人痛心與不捨的乃是非正常

死亡，如晴天霹靂般讓家屬難以承受，且久久不能釋懷，有待哀傷撫慰的涉入。在我的心目中，用於關注生老病死之種種的主要是常識和智慧，知識倒在其次。我因此無心去「研究」生死學，頂多像本書的情意書寫，以建構「新生死學」為名，借題發揮我自己反思所得的生死觀。記得1986年空中大學開辦，有機會面授第一門哲學課「人生哲學」，令我滿心期待，結果在期中考閱卷後失望而歸，興致全失。當時電視主講教師出了一道是非題，僅列八個大字，「人不為己，天誅地滅」，要考生答是或非；標準答案為非，結果同學全答是，請問我該如何是好？權衡之下我決定全部送分，回家後立即寫了一篇文章投書校報以示不以為然。

「人生哲學」考滿分並不表示做人成功，不及格亦不代表失敗，其中道理不說也明。如今生死學已發展成為一門跨領域學科，並且設立博士班，我當然不會對之大潑冷水。但是身為全球第一家生死所的創始人，二十三年來我始終捫心自問，它到底該如何發展或不發展？結果得到的結論是「各自表述，各取所需」，所以我把本書寫成另類的性靈小品，同時將主流學界的要求放下捨得。回想我的第一本空大生死學教科書問世於本世紀初，當時列為生活科學系護理類課程，我在嚴格要求下努力從事現代的課程科目設計，希望面面俱顧無所偏廢，從而發展出「一體五面向人學模式」的認知取向。事過境遷，如今老之已至，時不我予，死生大事已成切身攸關，遂用反身而誠的修養工夫，以後現代的生命學問建構，將自己所思所想所見所聞和盤托出，說與有緣人聽，希望還算中聽。

陸

尾　聲

一、陰　性

　　海闊天空自由自在地談生論死終於來到尾聲，本章呼應「零」章楔子，標幟爲「陸」章，並非隨興跳過「伍」，而是想彰顯本書寫作的特質，那便是「陰性書寫」。華人喜言九與六，「九」爲陽之極，「六」則爲陰之極；去陽從陰的理由跟新生死學提倡陰性的「關懷倫理」有關。在第參章〈關懷〉中曾提及，源自女性主義陰柔風格的「關懷倫理」，實與傳統上充滿陽剛精神的「正義倫理」相對；在「大處著眼、小處著手」的考量下，宏觀面的規劃可以講求正義原則，微觀面的操作則需要注重關懷實踐。新生死學雖然從事全方位的關注，建構起來也需要跨學科甚至跨領域，但用在實處就必須細膩講究，不宜大而化之。記得我去當安寧志工幫患者洗澡，就非得小心翼翼，因爲一點閃失就可能令其骨折。由此可見關懷的脈絡性，亦即要見機行事，不能一概而論。

　　西方陰性書寫具有較豐富的情意性，需要設身處地的同理心，其實對此我並不在行，因此採取的是另外一套寫作策略。我試圖將本土文化中的道家思想作爲核心價值注入寫作內容，尤其是莊子所散發出來的豁達生命情調，頗適於對治後人於生老病死濃得化不開的執著與恐懼。我手寫我心，我不是系統地念哲學才認識存在主義、道家、禪宗一系思想，而是在好讀書不求甚解的情況下接觸到這些思想，頓覺醍醐灌頂而產生認同，進而發心去念哲學。我的曲折心路歷程已於耳順之年寫成自傳《觀人生》出版問世，其中提到五十知命之際的心智「典範轉移」，從「西學」逐漸向「中學」靠攏，予我因勢利導而於近年自我貞定，並開出「大智教化」的餘生志業。回想我在不惑之年讀到傅偉勳的生死學代表作，頓覺深獲吾心，未料它竟不斷引領我臻於度化之境。

　　本書是我跟生死學結緣二十餘載的信手拈來之作，看似隨興書寫，其實苦口婆心。2019年秋天我應邀至上海師範大學參加「第四屆中國當

代生死學研討會：生死學學科構建與生命文化教育師資培養」會議，乃以萬字論文〈後設生死學：回顧、前瞻與建構〉共襄盛舉，本書正是此一議題的「接著講」，但改以哲理小品形式呈現。道家思想的陰性氣質在老子及莊子的文字中都靈氣活現，令人神往。它的作用在於以減法解消世人的觀念偏執，或者針對過度陷溺於儒家加法人生的弊病，譬如恪遵禮教或繁文縟節等。雖說如此，新生死學還是主張廣大華人盡量學得「儒道融通」的處世之處，執中道而行，無過與不及。最後補充說明一點，道家的陰性特質對於儒家的孝道實踐，無疑具有振聾啓聵之效。魯迅曾謂「禮教吃人」、「中國根柢全在道教」，此處道教包括道家。

二、性　空

　　本書寫作主要用以宣講大智教、人生教，通過文字、網路及授課善結有緣人。緣起固然性空，但空中仍具妙有；緣起緣滅即在有無之間流轉，順其自然而已。我雖然一度皈依受戒成為佛門弟子，但頓悟因緣未具足而將海青縵衣委之於地毅然斷捨離。皈依緣由是因為父親在抗戰期間避敵而短暫出家，受到世尊庇佑而躲過一劫，飲水思源讓我樂於親近佛祖。捨離原因則是對教團中人所作所為深覺不相應且難以認同，乃劃清界線敬而遠之。道不同不相為謀，但在我的生命情調內，儒道佛三家會通下的影響仍深植其中，令我受益匪淺。我雖自許為大智教化主，且擔任過國學院院長，但必須承認始終為其門外漢。蓋生性魯鈍，唯好讀書卻不求甚解，但對於其中話頭或有所感，乃不時借題發揮，久之漸能自我貞定，開出自家本事，化為文字自度度人，說與有緣人聽。

　　依我粗淺的理解，古印度人講「緣起性空」自有其深意，值得新生死學推廣傳播。用最簡單的話說，「緣起」指事物的發生出現，相對的「緣滅」則表示消散化解；但無論生或滅均非必然而屬偶然，是「四大」聚散無常所造成的效應。「四大」乃組成世界的「地、水、火、

風」四種元素，希臘人所言「水、火、土、氣」意思相同，中國人的「五行」之「金、木、水、火、土」亦堪稱類比。「性空」係指「無自性」，亦即非內因所造成，而是各種外在條件偶然組合的結果，因此稱作「四大皆空」。國人常把「酒、色、財、氣」視為四大，不過引申義耳。講「緣起性空」的真正目的，是希望人們「破執」，不要認為一切事物本該如此，其實非也。「此念是煩惱，轉念即菩提」，菩提即大智大慧，許多事情或將迎刃而解，生死流轉之無常遂無需執著。

雖然我不太欣賞「療癒」的消極說法，而喜用積極的「貞定」一辭，但反身而誠之下，發現數十年創作的心路歷程，多少還是有些自我療癒的成分在內。我所療癒的是失落感，是對「是非成敗轉頭空」的神傷，而勤於寫作不吐不快，有時的確會意外地令我稍覺釋然，或許可謂「我寫療我心」罷！回想早年我選擇念哲學，中途一度失去信心改學心理學，但終究又回到哲學懷抱，對此我嘗言「起初我選擇了哲學，後來哲學選擇了我」，跟生死學的邂逅亦當作如是觀。因為讀了傅老大作而選擇轉換跑道去作生死學，但因緣不再且人謀不臧乃自我放逐，直到入老因為對岸的生死學熱，方才再度拾筆創作，這回是它選擇了我。我所謂的「大智教化」在不相應的人看來，或視之為滿口荒唐言的離經叛道，那就請放下捨得以免費神。無緣的結局終究一場空，但「空中妙有」又何嘗無可能？

附篇

壹

後設生死學

引　言

　　生死學係旅美華人哲學暨宗教學者傅偉勳於1993年在臺灣首創，以其代表作《死亡的尊嚴與生命的尊嚴——從臨終精神醫學到現代生死學》的出版爲標竿，至今已歷二十七年。大凡一門新興學科要能夠立足，至少必須擁有學者、學系、學會、學刊等條件，且要爲整個學術共同體所接納。這些在臺灣雖已不成問題，但於華人世界甚至全球都不到位，有待相關學者齊心協力共同護持並予深化。本論文的寫作正是希望爲生死學的紮根作出貢獻，同時造福世人「安身立命、了生脫死」。學科紮根需要從事後設研究，以改善各自爲政的現況；但於後現代大可不必定於一尊，能夠異中求同、同中存異便好。

一、形式回顧

1.名　相

　　根據傅偉勳的表述，「生死學」乃脫胎於有百年歷史的西方「死亡學」，並納入中國「生命學」元素，共同構成一門「心性體認本位」的新興學科。必須強調的是，傅偉勳所創實爲「現代生死學」，他同時推崇莊子爲「中國生死學的開創者」，由此可見較廣義的生死學之道家根源。傅偉勳爲當代哲學學者，莊子則屬古代智者哲人，將「生死學」一辭附加於二人的思想脈絡上，只能視爲較通俗的用法，並非嚴謹界定。尤有甚者，生死學問世近三十載，名相的含糊始終存在，一如哲學之莫衷一是。爲有助於生死學正本清源、推陳出新；更上層樓、臻於成熟，首先必須就其名相予以釐清。

　　「生」、「死」二字連用，在華人社會往往習慣成自然，以至於傅偉勳很自然地將「死亡學」擴充爲「生死學」。值得一提的是，同爲漢字圈的日本，則使用「死生學」一辭去翻譯西方的「死亡學」，此處並不帶有擴充義；擴充後的「生死學」乃係「生命學」與「死亡學」的結合。在名相上用英文對照呈現，或許有助於如實掌握理解：「死亡學」爲 "thanatology" 或 "death studies"，其中 "thanatos" 係指死神；「生死學」及「生命學」在傅偉勳則爲 "life and death studies" 和 "life studies"。生與死在此被判成兩橛，南華及佛光兩所大學根據傅偉勳的理念，分別成立「生死學研究所」及「生命學研究所」，以從事不同性質的教學與研究。

2.概　念

　　名相的不同多少反映出概念的歧異，雖然佛陀所言「生老病死」體現出人的一生之歷程，但生、死甚至包括老、病，在概念上畢竟不是同一回事。「死亡學」係1903年由俄國生物學家麥辛尼考夫所創，這位1908年諾貝爾醫學獎得主同時還創立了「老年學」，至今已成顯學。由此一西學源頭可以看出死亡學知識的深厚科學背景，此與生死學緊扣哲學人文的初衷大異其趣；即使傅偉勳在其代表作標幟出「臨終精神醫學」，其內容亦非生物醫學取向。尤其當他強調以道家和禪宗思想爲主的「心性體認本位」治學方向，生死學與死亡學的分野便明顯可見。也因此二者實不宜等同視之，頂多如傅偉勳將死亡學視爲狹義生死學而已。

　　從生死學的發展緣起和概念分析中可以發現，傅偉勳其實在借題發揮，有意將華人的「生命學問」銜接上西方的科學知識；這點由他在去世前所出版的自傳題爲《學問的生命與生命的學問》，以及他爲文反思創立生死學的心路歷程可以看出。當代新儒家學者牟宗三曾分判東西方思想的差異，在於西方主要爲「知識中心」，而中土則重於「生命中

心」。另一位新儒家學者唐君毅則指出，哲學研究的對象不外宇宙與人生，亦即科學與人文；由宇宙看人生屬於「最彎曲的路」，必須由人生看宇宙方能「直透本原」。若通過二人觀點考察生死學，首要問題便是其進路究竟要從科學抑或人文角度契入。

3.心　態

西方死亡學由科學家於二十世紀之初在歐洲所創，雖然不久被引進美國，卻沉寂了半個世紀，到了六、七零年代始浮上檯面，逐漸納入教育和學術體制。考其原因，是因爲歐美人士在心態上多少將死亡學聯想於基督宗教，如此一來便影響及其科學知識旨趣，從而不易爲學術界所接納。至於後來逐漸被正視與重視並納入教育體制而傳授，則是因爲醫藥令人苟延殘喘，以及戰爭造成大量死亡等現實因素，遂希望通過死亡教育從頭教起，以匡正現代人「否認死亡」的弊病。法國史學家艾瑞士曾撰有《面對死亡的人》一書，對西方人面臨死亡的態度進行歷史考察，發現否認死亡乃是二十世紀的特徵之一。

無獨有偶地，諱言死亡其實也是華人社會及文化的顯著特徵，甚至連言談之間都盡量避免觸及「死」字，而以「走了」、「大去」、「往生」等詞彙帶過。其中「往生」乃佛教用語，意指輪迴轉世，不宜用於不信此道的人身上；但其中因具有「生」字，卻令人心嚮往之。這種心態上自我調適的潛移默化在臺灣有跡可循，像死亡學和死亡教育於1979年即被引入，但直至1993年方以生死學及生死教育受人矚目，卻仍要等2000年教育部推動生命教育中程計畫將之收編始正式進入學校。「生命教育」之說較「生死教育」甚至「死亡教育」正向光明許多，難怪較後二者具有更廣大的市場。

4.文　化

　　仔細觀之，死亡教育、生死教育、生命教育三者的性質畢竟仍有差異；前者對焦死亡、中者生死兼顧、後者大而化之。而單就字面看，生死學與生死教育其實是執中道而行，無過與不及，理當合於所需；但事實並不然，因此只能從心態上的避重就輕解釋之。這點其實有其深厚的文化根源，尤其當孔子所言「未知生，焉知死」經常被人們掛在口中，情況便難以獲得有效改善。既然如此，就不妨學習傅偉勳借題發揮，先將生與死的問題分別處理，再伺機融匯貫通，多元發揮。基於生命教育目前在兩岸四地皆列為重要政策在施行，「生命學」或許可以從善如流地為生命教育提供相關學理基礎。

　　「生命學」並非國人原創，早在1988年日本生命倫理學者森岡正博即已推廣此說，尤其納入性別論述是其特色。日本文化屬於東方文化的一環，其「死生學」與「生命學」的提法值得華人學界參考。東方古老國度日本和中國，於十九世紀先後受到西學衝擊，而於學術與教育大方向上改弦更張，中國從「經史子集」四部過渡到「文法商理工醫農」七學便是明證，後者甚至發展為現代大學的學院基本體制。此一學制改革創新如今已超過百年，將之對照於生死學後設考察的形式和內容面回顧，首先面對的便是「生」與「死」的名相之釐清，接下去就必須涉及此一新興學科「文」與「理」的內涵之探討。

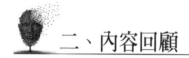

二、內容回顧

1.常　識

　　傅偉勳的生死學代表作問世兩年後，我便以之為教科書在大學開授通識課程，至今猶然。只不過在漫長的二十五載教研實踐中，我已發展出自家本事，不斷著書立說，為的就是希望正本清源、推陳出新；漸入佳境、止於至善。目前在臺灣只有兩處大學系所直接以「生死」為名，加上一些相關科系以此為主題開課，可視為專門課程，具有較多知識內容；其餘最常見的便是列為通識選修課，讓大學及專科生具備基本修養，大抵可歸於常識性質。常識並不見得比知識膚淺，但肯定較其寬廣。回想小學「常識」或「生活」課，向上發展為「自然」與「社會」課，再分化為「理化生」及「政經社」等學科，可見其用於紮根的基礎地位。

　　常識便是一般見識，人人必備，越多越好，但不一定都對，有待接受知識洗禮加以深化。常識為日常生活所必需，缺乏常識的人所見日小，久之容易成為「一曲之士」。莊子嘗言「曲人不可以語道」，而這正是大專院校實施通識教育希望加以改善的最終目的。生死問題人人繞不過，但在這方面缺乏基本修養和見識的人卻比比皆是。他們往往人云亦云、隨波逐流，一旦面對別人或自己的生死抉擇便手足無措，有待生死教育助其安身立命、了生脫死。生死學在這方面理當從常識入手，向知識求緣，最終達於大智大慧之境。美國最普及的死亡學教科書即以《死亡與臨終‧生命與生活》為名，可謂無所偏廢且切中議題。

2.知　識

　　傅偉勳推崇莊子是「中國生死學的開創者」，而他自己則於上世紀九零年代開創「現代生死學」，並倒轉孔子「未知生，焉知死」之說爲「未知死，焉知生」，以示此一新興學科的知識發展途徑。現代生死學奠基於人文領域的基本學科哲學，哲學具有「本體論、認識論、價值論」三部分，用以對照呈現生死學的知識內容則爲「向死而生、由死觀生、輕死重生」。但這種哲理性的人文觀解並非淺顯易懂，有待通過科學知識的考察以彰顯其多元視角。科學包含自然與人文兩大領域，跟人文思想學問共同構成人類知識的全部，而當生死學關注於作爲一個整體的人之生命，理當在知識探究上無所偏廢。

　　不同於西方死亡學奠基於科學知識，華人大多傾向人文關懷，同時包括宗教性的終極關注。依常識觀之，科學知識重於事實認定，而人文學問則產生價值判斷；事實在於眞假，價值則分判是非、善惡、好壞、美醜。長期以來，這種事實與價值二分的知識觀點，始終影響著人們的看法，甚至已形成常識之見；但於後現代時期，它卻受到質疑並有待商榷。「後現代」作爲一股時代精神，流行於上世紀後期，至今仍方興未艾。它被視之爲「晚近資本主義的文化邏輯」，具有「質疑主流、正視另類；肯定多元、尊重差異」的特質，足以打破事實與價值之間的壁壘，有助於人們了生脫死。

3.智　慧

　　求知讓我們有系統地「知道」，包括「人終不免一死」的事實；但死有「輕如鴻毛」或「重如泰山」的價值，卻不一定學得來。依傅偉勳之見，生死學作爲「生與死之學」，至少涵蓋科學知識取向的西方死亡學，以及人文價值取向的中國生命學。後者無疑屬於人生哲理，是一套

「向古人借智慧」的「儒道融通」生命學問。若要將知識與價值融匯貫通，就必須把「常識─知識─智慧」視為三位一體的連續統。三者關係最巧妙的譬喻，可見於宋代青原惟信禪師的「看見山水」三部曲公案；其中「親見知識」一句，象徵「師父引進門，修行在個人」，理當作為生死教育的知行標竿。

　　古今中外聖賢才智面對生死問題，大多不免覺得是大哉問，連孔老夫子都不願正面回應。但是如今我們有了「生死學」，且已具備二十七年歷史，其學科屬性和教學實踐，遂成為一項後設問題，本論文即針對此點而作。然而一旦從後設問題溯源至生死問題，便出現太多「不可說、不可思、不可議」的弦外之音，必須讓知識學習的「漸修」工夫產生智慧開顯的「頓悟」效果方能一聞。這正是分析及語言哲學家維根斯坦受到禪宗影響，對自家本事所作的智慧詮釋：「我說的固然重要，但真正重要的是我沒說的那部分。」生死學與生死教育在教學研究之餘，還是需要一定的心領神會方能盡其功。

4.多　元

　　這種心領神會的治學工夫，在科學哲學家波蘭尼看來便屬於「默會知識」，具有一定程度的主觀成分。科學知識要求盡量客觀，這點在處理物質能量的自然科學尚稱合理，然而一旦涉及人的行為和心性的社會科學便可能大打折扣，只能退一步要求「相互主觀性」。此一相互主觀性正可作為銜接生死學科學知識與人文學問的溝通橋樑，而回顧近三十年來的發展，仍必須顧及學科內部知識成分的主從關係，以免流於實際應用上的不相應。簡單地說，就是依傅偉勳所構想的以中國生命學的人文關懷和終極關注為核心，向外漸次擴充至西方死亡學的社會與自然知識內容，彼此有機結合，相輔相成，就不會陷入知識與價值二分局面。

　　生死學在臺灣創始至今盛況不減，受到許多學者專家及社會大眾的關切，多少拜生死學以「生死關懷」之名，自2010年被教育部列為高中

生命教育類正式課程之賜。由於有課可授，生命教育在全國分北中南三區進行相關師資培育，至今已訓練出千人以上的師資陣容。因為授課與受教人員的數量皆大，不可能完全圍繞著哲學發揮，必須涉及心理學、社會學、宗教學、生命科學、健康科學等相關領域學科，遂出現「各自表述、各取所需」的多元勝景。這點對生死學的發展非但不是阻力，更可能是助力。畢竟生死議題攸關人生處境，而在現今的後現代情境中，多元對話已屬常態，不能再定於一尊。

三、理念前瞻

1.身　形

　　生死學在臺灣創立至今已超過四分之一世紀，近年為大陸學界所重視，有意通過籌組學會及設計課程以落實紮根，前景相當可期。今後兩岸可以有效合作，將生死學打造成一門至少能充分為華人所用的中游學科，一如教育學和管理學。中游學科的特色是著重應用，且以相關的上游學科為基礎；像教育學至少涉及史學、哲學、心理學、社會學，而生死學更要融匯生物學、心理學、社會學、哲學及宗教學相關知識。其中宗教學亦屬中游學科，它不免會從宗教現象論及教義。臺灣的宗教團體護持生命教育甚力，在大陸卻相對敏感不宜多碰，此乃兩岸在推動生死學之際的重大差異。

　　就一般人的常識之見，生與死肯定不是一回事，此外大家還會聯想到「生、老、病、死」的人生處境，且多少呈現苦大於樂。這種受苦的感受基本來自身形的變化衰退，具體而言，個人的生路歷程不外體現於衰老、受病以及死亡上。身體的變化為生命科學及健康科學所研究，後者即形成醫療與照護的社會制度和家庭功能。其實現代人對死生大事的

關注，大多來自對本身及親人面臨老病死的經驗；生死學若無法對此提出令人信服的理念與實務，則它的存在價值便會受到質疑。許多基本學科都在探討生死議題，生死學若不能創造自己的核心競爭力，就難以立足於學術及教育界。

2.心　靈

　　要打造一門具有堅實基礎的中游學科，其中的核心分支學科不可或缺；像教育學即以課程論和教學論獨樹一幟，生死學究竟有何特出之處，值得大家集思廣益？在我看來，於理念面擴充並深化生命學，從而建構「生命與生活學」（life and living studies）不失可行途徑；而在實務面則嘗試將相關專業的關懷內涵予以歸納，進而新創「關心與照顧學」（care and caring studies）。「關懷」分爲「關心」（care about）與「照顧」（care for）兩層次，在人與人之間形成有心爲之的關照活動；這在孟子看來便屬「四端」，是「人之異於禽獸」的基本條件。生死學除了探討人的生物性質外，更需要進一步瞭解其內在的心理與精神狀態。

　　人的心靈面包括心理和精神等作用，心理學在西方自古便列爲哲學分支，直到十九世紀後期才獨立爲一門科學學科。它的原意與初衷乃是「研究靈魂的學問」，「靈魂」在古希臘時期只有民俗及哲學而無宗教意涵，直到中世紀古典哲學成爲基督宗教的「婢女」後，才逐漸體現出深厚的宗教旨趣。到如今西方人一提及「靈性」便與宗教信仰密不可分，但於中土則始終反映爲儒道佛「三家會通」的人文自然信念；佛家在此與其視爲宗教信仰，不如看作人生哲理。生死學處理內在心靈層面的問題，主要是爲了助人了生脫死，這便涉及個人對死亡的看法。傅偉勳認爲儒道二家皆屬現世主義，而與佛家主張三世因果大異其趣。

3.群　己

　　道家莊子被推崇為「中國生死學的開創者」，其最大貢獻便是教人以了生脫死之道；但廣大華人受到儒家影響，對於如何安身立命的關注始終很積極。倘若了生脫死是個體心理與精神層面的內在自我安頓，則安身立命便指向群體社會和倫理層面的外在人際關係。人是社會動物自無疑義，至於研究人之社會活動的社會學，則於十九世紀上半葉為法國哲學家孔德所創立。其於該世紀末傳入中國，最初的譯名為「群學」，多少反映出這門新興學科所處理的乃是群己關係。不過孔德以提倡實證主義聞名，其思想的自然科學性質濃厚，甚至影響及社會科學發展。相形之下，華人認同的儒家倫理，則具有高度人文性質。

　　群己關係涉及個體在群體之間的位置，西方人通過基督信仰為法治社會舖路，中國人則秉持儒家思想為人倫關係貞定。值得一提的是，儒家倫理在中土的地位，相當於基督宗教作為西方文明與文化的基礎；它們對於生死學的影響，尤其是在社會與倫理方面，最重要者包括亡者角色定位和喪葬殯儀活動等項。像亡者已非活人而為「遺體」，必須加以「處理」；至於殯葬措施也足以將「鬼魂」轉化為「祖先」受後人祭拜悼念，以示慎終追遠。更現實的問題出現在臨終之前的生死決策，倘若病人罹患不治之症，究竟要治到那一步就該放手。這不但要面對家屬的溝通，更有配套的法令及文件足以參照運用。

4.融　匯

　　為建構生死學為一門更堅實、更成熟的跨領域科際學科，本論文於前瞻性的理念面提出身形、心靈、群己三層問題的考量，這反映出我於2003年出版《醫護生死學》一書中所列「生物－心理－社會－倫理－靈性一體五面向人學模式」。此一模式係統整醫療的「生物－心理－社會

模式」，以及護理的「身、心、靈模式」，再加上二者都注重的「專業倫理」實踐而成。不過這些面向雖然整合了生死攸關的醫療照護觀點，卻始終不脫西方的科學認知模式，不見得能夠充分適用於中華本土的文化需求，有必要進行轉化工夫，將西方科學知識融匯於東方人文智慧，用以彰顯生命之奧義。

在傅偉勳的心目中，生命學指向一套「心性體認本位」的生命學問，其代表思想乃是古典道家以及受其影響而生的中土禪宗。我對此十分認同，更有意將之擴充深化。對於生死學的學科建構，我主張「文理並重、東西兼治；物我齊觀、天人合一」，因此在本土的「心性體認」之餘，同時強調西方的「情意開顯」。情意屬於「知、情、意、行」生活實踐的重要成分，必須予以正視與重視。生死學理念面的核心價值生命學，在此遂擴充為「生命與生活學」，以與實務面的核心競爭力「關心與照顧學」相提並論、相輔相成、相得益彰。過去生死學始終予人「虛學」之感，今後當努力朝向「實學」發展。

 # 四、實務前瞻

1.教　育

作為中游學科的生死學可以探討理念，但是不宜掛空，終究還是必須扣緊相關實務而發。跟生死學相關的實務至少包括教育、輔導、醫療、護理、殯葬等五大專業，各從業人員皆須領授證照；其中醫護工作場所重疊，其餘多獨立作業。認真考察，這些專業實務都跟國人的生命、生活與生存息息相關，像教育及部分輔導活動用於學校、醫療和護理用於醫院、殯葬用於殯儀館，幾乎涵蓋了生老病死方方面面。就教育而言，包含生死議題的生命教育在兩岸四地大多歸於德育，但它其實可

以擴充至群育、美育甚至體育，以期與智育相輔相成、互利共榮。教育
既有受教者亦有傳授者，生死教育的師資培育遂必須先行。

以臺灣爲例，因爲生命教育被列入重大教育政策，並已落實爲高
中必修課程，且長期以來師資培育都在持續進行；而當生死議題皆納入
生命課之內，生死學師資培育遂有一定揮灑空間。必須認清一項現實，
那便是「生命教育」的影響力和正當性在華人社會始終較「生死教育」
爲大，要想通過教育管道推廣生死學，借題發揮或許較名正言順來得事
半功倍。事實上這並非空穴來風，早在上世紀末生命教育尚未成爲中央
政策之前，就已出現「生死教育取向的生命教育」之提法，而與生活教
育、生涯教育、健康教育、宗教教育等取向相提並論，它們也的確得到
「各自表述、各取所需」的效果。

2.輔　導

將生死學融入輔導諮商專業之中，可以做的事情很多，至少包括自
殺防治、臨終關懷、哀傷撫慰等項。輔導諮商專業人員在國內必須考授
諮商心理師或臨床心理師證書方能執業，但是沒有心理師證的其他專業
人員，並非完全不能從事相關活動。像我在大學任教三十餘年，聘書上
一貫載明必須善盡輔導學生的責任；其中包括課業以外的生活輔導，亦
即當經師更要爲人師，言教之外尚需身教。至於其他各行各業，多少也
存在有職場諮商人員。近年甚至在心理諮商之外，還發展出哲學諮商的
新興途徑；執業者不處理心理偏差的矯正，而對當事人從事世界觀及人
生觀的釐清，等於是開發一套自我貞定的工夫。

不像教育活動在全球各地自古有之，輔導諮商的出現相當晚近，大
約在十八、九世紀才問世，而且一開始只屬於基督宗教的牧靈活動，是
神職人員對信眾所提供的無償活動。至於它結合精神分析發展成爲一套
收費的心理諮商技能，乃是二十世紀初期的事情；更廣泛的應用出現在
美國，要到二戰後大量退伍軍人重返社會時始派上用場。由此觀之，輔

導諮商不像教育活動具有深厚的歷史文化根源，它屬於道地的舶來品，一旦用於華人社會必須經過轉化過程，否則便會不相應。國人心理有糾結，會找親友或法師傾訴，不易主動跟非親非故的諮商人員告白，這其中所存在的文化差異不可不識。

3.療　護

　　根據學者觀察，心理諮商的文化差異曾出現於世紀初的「九二一」大地震現場，當諮商人員進駐從事心靈重建卻乏人問津，而在地的收驚婆則生意興隆，只能視之為「民俗療法」而予接納。同樣的情形也曾出現在醫療活動上，中西醫之爭從民國初年便已出現，百餘年之後因為西醫挾著科技和政策的強勢而將中醫大幅整合收編，民間只相信中醫療效的人也就寥寥無幾了。生死學通過輔導諮商和醫療照護及於個人，主要用於把握「盡人事，聽天命」的了生脫死之道。現今醫療科技雖然發達，但並未能解決各種疑難雜症，有時甚至弄巧成拙，導致患者陷入求生不得、求死不能的苟延殘喘困境，有待生死學助其解套。

　　生死學在此所要處理的正是事實與價值的廓清，可以從德、群、美育的多元視角，提供醫病雙方共贏的醫護決策。人死不可怕，不死才可怕，歹活受罪不如好死善終，安寧療護和安樂死都是病入膏肓時的可能選項。其中安寧療護涉及醫療和護理兩種專業，彼此旨趣不盡相同，卻足以互補互利、相輔相成。簡言之，醫學重於療癒（cure／curing），護理則主關懷（care／caring）；生死學教人以「應盡便須盡，無復獨多慮」的大智大慧，在「不治」之際以「放下、捨得」之心選擇安寧療護。安寧療程雖主張「自然死」，但仍有人為處置成分在內；真正「人為死」乃是安樂死，在臨床上屬於繞不過去的重大生死議題。

4.殯　葬

　　如今安樂死正積極以提案或公投立法的形式爭取合法化，但其爭議仍高，恐怕還有很長的路要走。不過事在人為，在臺灣另有一件通過立法加以提倡的政策也走了很長的路，那便是「環保自然葬」。自然葬要落實必須先推廣改土葬的傳統習俗為火化，更進一步擺脫掉骨灰入土或晉塔的窠臼，改以樹葬、花葬、海葬或灑葬等不著痕跡的處理方式，令其回歸大自然，與天地合其道。沒有錯，生死學將追隨莊子的腳步，於現今在殯葬方面逐漸把儒家「慎終追遠」的傳統，向道家「反璞歸真」理想調整。而其最具體的表現，正是以「輕死重生」之姿，將繁文縟節下的厚葬，轉化為一切從簡的自然葬。

　　本論文有意秉持「文理並重、東西兼治；物我齊觀、天人合一」原則，將生死學打造成一門適用於華人社會的後現代生命學問；它在知識系統中歸於應用性中游學科，因此勢必要切實掌握並強化相關專業實務的核心競爭力。基於「向死而生本體論、由死觀生認識論、輕死重生價值論」的生死哲理，在華人文化傳統中凸顯道家思想的影響力，乃是與時俱進、推陳出新的方便法門。從喪葬習俗的簡化與淨化著手改善現況，無疑是一條最佳進路。從一個人對於後事料理的交代，可以大致看出他的生死態度。這種由死觀生的認知與情意考察，乃是建構新生死學的必經途徑。

五、學科建構

1.模　式

　　本論文寫作的主要目的，是通過對既有生死學論述進行後設考察，從而去蕪存菁、推陳出新，以建構一套更適用於廣大華人社會的新生死學。新生死學可視爲對既有觀點的擴充版與升級版，希望盡可能教人以「安身立命、了生脫死」之道。對此吾道一以貫之，歷經四分之一個世紀的生命學問之探索，終於開出「後科學人文自然主義」的大纛，具體成果已撰成十五萬字《新生命教育——華人應用哲學取向》一書，於2019年秋天出版。因爲生命教育已形成爲兩岸四地教育政策，我乃借題發揮，將生死學與生死教育加以包裝融入其中，以期產生事半功倍的效果，此即生死教育取向的生命教育之眞諦。

　　1997年我傳承傅偉勳的遺願，於南華大學創辦全球第一間也是唯一的生死學研究所，在他所設計藍圖基礎上，繼續構思如何完善新興的生死學。2001年我於空中大學開授「生死學」選修課，首度自撰同名教科書；兩年後爲提供護理學生學習教材，又另撰《醫護生死學》。在後者中我首度發展出一套「生物—心理—社會—倫理—靈性一體五面向人學模式」，用於面面俱顧以觀照生死學，並於2005年納入空大教科書擴充版之中。人學在西方相對於神學，於中土則指向非宗教的人生哲學；尤其是「儒道融通」下的現世主義觀點，可以跟傅偉勳晚年所倡議的生命學相輝映。

2.應　用

　　生死學在臺灣一創生便蔚爲流行，傅偉勳的代表作立即成爲暢銷書，其後坊間便不斷湧出各式各樣談生論死的著作。最具指標意義的事情，可見於我首度爲空大開授「生死學」，竟名列選修課程人數之首，其次則爲「人生與理財」，足見國人心之所嚮的二端。人們關注生死議題大多懷抱實用目的，例如針對養生之道或臨終關懷等需求，因此我在爲研究所設計課程時，首先認定其屬應用性中游學科，最值得參照對象即爲同性質的教育學和管理學。設所之初走的正是生命教育途徑，四年後增設大學部，另以「生死管理學系」爲名申請；我曾建議進一步將歸屬學門由人文學院轉爲管理學院，讓大學生修得社科一技之長。

　　雖然日後生死系仍繫於人文領域，並刪除「管理」之名，但因緣際會碰上殯葬改革的浪潮，而使得系上畢業生有不少選擇以禮儀師爲終身志業，不啻爲以殯葬管理爲核心內容的生死管理樹立起明顯標幟。當然生死學的實務應用絕非只有殯葬管理一端，死亡教育、悲傷輔導、臨終關懷等，皆可聯繫上生死學而產生相輔相成的用武之地。事實上，當初我在空大教科書內，正是以「生死教育、生死輔導、生死關懷、生死管理」四者爲主題分別議論之，未料臺北護理學院竟不約而同創設「生死教育與輔導研究所」，而高中生命教育選修課則列有「生死關懷」一科，加上南華的「生死管理學系」，總算反映出生死學實用面的一應俱全。

3.典　範

　　後設生死學通過對生死學的回顧與前瞻，予以突破創新、擴充升級；這可視爲對生死學不斷建構的歷程，但不必然要樹立學科典範定於一尊。知識學科的「典範」說來自科學史學家孔恩，他以物理學爲例，

通過科學史的考察，發現物理學乃是循著一條舊典範不斷被新典範取代的過程而精益求精；「典範」在此代表該學科一整套知識信念系統，像「地心說」被「日心說」取代、牛頓「絕對時空」被愛因斯坦「相對時空」取代等便是例證。孔恩原本就是物理學家，在他心目中人類知識的最佳典型正是物理學，典範說因此最適用於自然科學學科，不料日後對其發揚光大的反而是社會科學領域。

平心而論，自然科學家的主要興趣集中在實驗以驗實，不太關注自身學科的屬性；而不同學科的學術共同體，則傾向於認同各學科典範盡量定於一尊的共識。相較之下，以模仿自然科學而生的社會科學，要想在自身學科內確立單一典範，可謂難上加難。以心理學為例，行為主義、精神分析、人本學派、超個人學派即被標籤為「四大勢力」。而實務應用的輔導或管理學門，更出現「理論叢林」的境況，彼此各自為政，頂多和平共存。曾有一輔導實務教科書，針對同一個案，列出十種諮商治療方法，其間理論甚至彼此衝突，如此根本談不上有所謂學科典範。類似情況的生死學建構大可不必樹立典範，「各自表述、各取所需」便是。

4.發　展

話說回來，新興學科的大典範樹立雖然不切實際，但是較小範圍的局部性共識，以及彼此間的交流溝通，還是可以運行無礙。生死學發展至今二十七載，最初是由哲學學者所創立，後來經由一群群對生死議題感興趣的心理學者、社會學者、輔導學者、社工學者、宗教學者、殯葬學者等共同護持和夯實，終於呈現出如今的面貌。但仍以臺灣地區為主，港澳涉及者不多，大陸則正在起步。放大來看，現今兩岸四地對焦於生死學的學者有限，關注生命教育的人數較多，但終究仍停留在華人圈。間或有學者出席國際的死亡教育與輔導以及殯葬學術會議，終究還是不成氣候。

前面曾提及,西方死亡學和死亡教育主要就死言死,像臨終關懷、悲傷輔導、自殺防治、安樂死等議題皆予以關注,即使討論人生也僅屬附帶;相形之下,華人的生死學及生死教育至少有一半課題可列入生命學。本論文將生命學擴充爲生命與生活學,視爲生死學在理念方面的核心價值,有待進一步發展。至於實務面的核心價值則另創關心與照顧學,簡稱關懷學,至少可提供教育、輔導、醫療、護理、殯葬等專業執行時的參考依據。生死學不但要坐而言更要起而行,在言詮和行動兩方面如果提不出較其他成熟學科更有利的成果,則難以立足於學界。生死學要成爲眞正的生命學問,就必須有效引領個人生死觀不斷臻於完善。

結　語

本論文是我在涉足生死學四分之一世紀後的反身而誠之作,更是對自己擇善固執投身其間並期許更上層樓的努力嘗試。我長期自視爲傳統文人,且因爲稟性氣質使然,對獨善的興趣來得比兼濟大,走向學者之途正是人格特質的體現。唯在生命學問道路上受到古今中外聖賢才智大智大慧的啓示,乃拈出「西用中體」原則不斷著書立說,而於近年貞定「大智教化」的知行合一康莊大道。大智教化是生命教育的民間版、成人版、擴充版與升級版,目的爲自度度人安身立命和了生脫死之道。被官方生命教育列爲「生死關懷」一科的生死學,遂成爲我心目中生命學問眞正核心,本論文乃嘗試以後設觀點對此一核心價值說清楚講明白。

貳

建構老病學

新生死學
——生命與關懷

引　言

　　在建構新生死學告一段落之際靈感突至，想到何不順勢建構「老病學」，讓生老病死的討論無所偏廢。生死乃一體之兩面、一線之兩端，生與死之間的老或病雖不必然會發生，但它們終究還是大多數人的生命體驗。反思「老病纏身」正是我當下的人生處境，借題發揮逐多少會現身說法，議論文章乃呈現爲心得寫作，同樣說與有緣人聽。「老病學」在我心目中仍屬華人應用哲學的一環，其內容可隨俗翻譯成"old and sick"，這正是一本通過「生命敘事」探討美國衛生保健體制專書的標題。本論文採用我所提出的「生物─心理─社會─倫理─靈性一體五面向人學模式」加以鋪陳，希望盡可能面面俱顧，藉以推廣「大智教化」。

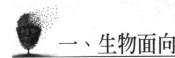

一、生物面向

1.身　體

　　如今臺灣人的平均餘命大約在八十上下，此後再關注死亡與臨終尚不嫌遲，之前更應該正視與重視的乃是衰老與生病之種種。著眼起點可自半百始，跨度長達三十載，亦即中老年或中高齡。相對於青壯年，中老年逐漸會感到日常活動的力不從心，這其實意味著身體功能的衰退。孔子對此有所體認，「五十而知天命」絕非虛言；這又必須放在他所說的「盡人事，聽天命」智慧話語中，始能眞正呈現其意義。一個人進入天命之年，就需要深切瞭解自身限度，不再做些癡心妄想的事了。俗話說「歲月不饒人」，即指身體狀況今非昔比，凡事莫逞強，多注重養

生，順乎自然才是。「老病」的座落都在身體，從身體觀談起方不致掛空。

西方哲學的核心之一形上學有兩大基本課題即本體論和心物論，後者探討身體與心靈究竟為一元抑或二元。十七世紀法國哲學家笛卡兒主張心物二元論，認為身體是被天主所控制上了發條的精密機器。此一機械觀點影響後世甚鉅，現代醫學便據此立論。相形之下，華人自古就擁抱一套跟機械論完全不同調的有機觀點，將人體視為小宇宙，而同外界的大宇宙彼此呼應，古代氣論及傳統醫術皆反映此點。時至今日，老病學的建構將秉持「文理並重、東西兼治；物我齊觀、天人合一」的大智教化宗旨，採華人應用哲學的「常識實在論」立場安頓身體，使其成為整個論述的基座，以承擔後續的架構。

2.老　化

美國哲學家布拉達坦在《生死之間》一書中表示：「身體不僅在我們認識自我的時候發揮了根本作用，而且在認識周圍世界時也是如此。身體存在於心智活動現場，並為心智活動提供了框架結構。……哲學思辨不可能在沒有身體的情況下進行。因此，……任何哲學都是『身體哲學』。」諾貝爾獎得主、神經科學家埃德爾曼於《第二自然》中進一步闡述：「如果我們將大腦視為你的器官，你就是你的身體。……你的身體是被嵌入，並且處於特定環境之中，影響環境而又被環境所影響。這種交互界定了你的小生境。」此等皆非唯物論而係實在論觀點，指向你我實實在在的生老病死載體，此一身體且無時無刻不在老化。

「老」有「老年」和「老化」不同的科學界定。統計學上的「老年」指法定老人比例，臺灣將於2025年達到百分之二十而進入「超高齡社會」；至於「老化」則指死亡率最低的年齡層，一般多落在十至十四歲之間。當然這種老化定義看似不合常理，但另一種常識之見卻頗為得體，那就是把「老化」類比為「氧化」；氧化作用於鐵即生鏽，作用

於人則變老，大致不差。總之，歸納齊克果對人之存在的描繪：「『個體』在『時間』之流中不斷『變化』而趨於『死亡』」，對照於海德格所指人乃「向死而生」，老化無疑體現出「向死而老」，生病與否都一樣。其實人是有可能無疾而老死，但這點並不被醫界所認可。

3.醫　療

　　現代醫學之進步固然有助於人類延年益壽，但也可能帶來令人難以想像的處境與困擾，求生不得、求死不能的苟延殘喘便是一例。人們所嚮往的「無疾而終、壽終正寢」可遇不可求，大多數結果都是在老病纏身、回天乏術的情況下過世於醫院，死亡證明無論如何也都得載入相對應的病名。外科醫師努蘭在其暢銷作《死亡的臉》內寫道：「在我行醫的三十五年生涯中，從來不敢在死亡證明上寫上『死因：年老』，因為我知道，……在世界上任何地方，死於年老都是不合法的。」這顯示出當今文明社會一大弔詭，那便是所有的人都被過度「醫療化」；即使沒病也會想成有病，久之甚至可能變成「慮病症」。

　　以「白色巨塔」為象徵的醫療化趨勢，其實是反映窄化的「生物醫學」疾病觀，但英國醫學史學家傑克森在《醫學，為什麼是現在這個樣子？》中發現：「醫學史顯示出歷史、社會、文化和政治力量都會影響到疾病的模式，改變世人對於健康的認知及醫療觀。……西方生物醫學以人工方法來製造或延長生命的能力日新月異，這也不斷為現代社會帶來兩難的局面，讓世人反覆地陷入道德困境。」因此老病學在面對醫療現象時，必須盡可能地全方位思考它背後的景深。這也是我所提倡「生物—心理—社會—倫理—靈性一體五面向人學模式」的理由，用以在建構一門新學科時，能夠面面俱顧、無所偏廢。

4.養 生

　　老病學一如我心目中的生死學與生命教育，是扣緊華人應用哲學而發，且主要適用於華人社會。中老年華人到了上年紀以後，多少會想到養生的重要；甚至在「藥補不如食補」的傳統思想影響下，不斷講究飲食細節。懂得養生固然是好，但營養均衡同樣重要，這就必須請教西方科學了。如今華人大多相信西醫，西式養生之道其來有自，甚至各種西醫體制，都源自於中世紀；前述醫史便寫道：「像是倚重養生，以均衡的生活方式防治疾病；專業醫療照護體系的發展得到慈善機構和公家機關的支持；大學和教學醫院是醫學生學醫的主要場所。」所謂「均衡的生活方式」並非自以為是地閉門造車隨意進補，而是要有全盤考量。

　　老年學家邱天助在《老，自在》一書中引用統計數據：「根據世界衛生組織報告指出，健康與長壽取決於下列因素：自我保健占百分之六十、遺傳因素占百分之十五、社會因素占百分之十、醫療條件占百分之八、氣候因素占百分之七。」他從而建議：「要維繫身體的健康，我們必須維持良好的生活習慣、戒掉一些不良嗜好、不讓身體過度肥胖、定期體檢、堅持運動、選擇良好的居住環境、工作不超負荷、平時關注醫學訊息、多動動腦筋。」看似老生常談，其實知易行難。許多基本養生工夫多歸於常識，但必須經過智慧觀解方能為己所用，此即困而學之。像我過重且不愛運動，老來也只能從善如流開始養生了。

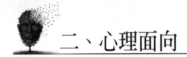

二、心理面向

1.認　知

　　人生大抵不脫生老病死之過程，老病學遂足以成為生死學的引申與深化，且對焦於身受老病之苦的中老年人而發。衰老與病痛固然有生理上的切身體驗，但它們也同時在個人心理上產生一定作用；有時心理因素更加強烈，慮病症便由此而生。慮病症是神經質性格的通病，但我雖具神經質卻不慮病，倒是對老齡感覺失落，乃通過大量自我學習嘗試化解，以建構老病學借題發揮即歸此一嘗試。我的自學涉及知情意行諸方面，可視為面對老病於心理建設和精神武裝上的次第對治，足以推己及人、自度度人。而在認知活動方面，廣泛涉獵心理學尤其是應用心理學相關知識，不啻為一道方便法門。

　　心理學跟人文的哲學劃清界線，轉而投向自然及社會科學懷抱，只不過是一百四十年前的事情；妙的是四、五十年前應用心理學應運而生，卻不時看見回歸哲學的趨勢。仔細觀之理由無他，是否要重返關注「人心」的路線而已。西方心理學自古便屬哲學分支，兩千多年來的研究主題卻出現「靈魂、精神、心靈、意識、行為、認知」一系轉變；後二者已進入科學領域，卻予人失去「心」之感。科學為追求客觀性，主張能夠觀察或測量始得構成嚴謹知識。然而像你我面對個人生老病死的反思，卻是主觀的自我覺察，屬於相當真實的情意感受。人們知道自己變老會死的事實，卻也足以用坦然豁達的心境去接納它。

2.情　感

　　老與病的課題放在認知框架中就成為老年學及醫學知識，理當學習並正視之；但是勿忘它們同樣呈現為情意性的生命學問，從而自度度人了生脫死。以華人應用哲學為基礎的老病學，既然是生死學的引申與深化，則同樣可以將生死學的核心價值和競爭力納為己用，那便是「生命」與「關懷」。生死學由西方科學的死亡學跟中國人文的生命學融匯貫通而成，後者特色乃是「心性體認本位」，以道家和禪宗思想為代表。道家莊子更被高度推崇為「中國生死學的開創者」，反映出他的思想得以助人了生脫死。就中老年人的處境而言，了生脫死多少是希望能夠從老病纏身的困局中解套，這時候就需要在情感上放下捨得。

　　日本管理學家大前研一在《後五十歲的選擇》中寫道：「企業人士通常都在六十五歲退休的同時，開始顯得蒼老。但是，如果能在五十歲時『開悟成佛』然後邁向第二個人生，則到七十五歲，甚至八十歲都仍然生意盎然。」他對一般上班族的建議，是年過半百時懂得「重新開機」；不再醉心於事業，而把關注焦點轉向自己身上。這種心境轉換常繫於一念之間，就像佛家所言「此念是煩惱，轉念即菩提」。從中年步入老年固然可能伴隨衰退與病痛，但是此般生理折舊不必然要大幅牽扯心理情感，知足常樂不失可行途徑，只要能夠「重開機」。這就像白居易在中年時所領悟的「中隱」之道，放下捨得而後已。

3.意　志

　　「重開機」必須有意志決心和行動能力，不容易說到做到。人到中年一旦「重開機」就沒有回頭餘地，但這或許是件好事。中老年是人生後半場，已成過河卒子，卻不必要拼命向前，駐足靜觀自得可也。以老病學安頓人生後期有內外兩面，主觀條件操之在己，客觀形勢成之於

外，亦即「謀事在人，成事在天」。外在多指社會環境，留待後文再論；內在則屬心理狀態，在一定範圍內可以自行調整。古人的出路只有官場沒有職場，不做官僅能務農為生，陶淵明便是一例；今人多身處職場，而職場又一如官場，人在江湖身不由己。其實現在無論職場官場多為朝九晚五的上班族，屆齡退休前要先行退一步想方為上策。

大前研一強調：「終生努力固然很好，然而就上班族而言，努力到某種程度，能在往生之前說出『我做不到』，勇於卸下壓力，更是重要。」這正是中隱之道的現代版，需要一定意志力去下決心改變生活；不是更拼，而是少拼、不拼，犯不著讓自己太早折舊。這並非教人以混世，而是學道家的「貴己」；是「不積極作為」，而非「積極不作為」，二者必須明確分辨。老病學一如生死學可通過大智教化以落實，大智教化是官方學校生命教育的民間版、成人版、擴充版與升級版，屬於成人社會教育，但最終繫於自我教化。自我教化的前提乃是自我貞定，據此反身而誠，無向外馳求之誤，此即個人意志的體現。

4.行　動

個人意志不能為所欲為，而要「為所應為」，這是孫中山的睿見。他還強調「主義是一種思想、一種信仰，和一種力量」，為行動能否有為有守提供力量的根源，此即對主義的信仰。老病學處理絕大多數人切身攸關的中老年處境，要求在人生後期不宜再人云亦云、隨波逐流，而應擁抱處世定見或「主義」。大智教化秉持「西用中體」的華人應用哲學，提倡「後科學人文自然主義」，對此我已撰成一書《新生命教育》闡述之。簡單地說，「後科學」是採取西方「後現代主義」觀點批判地善用科技知識及成果，由此銜接上「儒道融通」下的中土「人文自然主義」以安頓身心，於日常生活「執中道而行，無過與不及」。

將後科學人文自然主義放在老病學的脈絡中來實踐與行動，首先要做好自我貞定的心理建設，包括對中老年三十寒暑的策略規劃、目標

設定與方案執行。半百之後雖然逐漸入老，但是可以通過養生而減少患病；不過同樣重要的事情乃是放下兼濟之心，追尋獨善之樂。在華人社會中，這就是從儒家轉向道家之「生命情調的抉擇」；年輕時不宜，半百後必要。行文至此再重申一回，老病學的關注始於「知天命」，之前打拼算是「有為」，其後中隱走向「無為」。人生自此以後當以無為無不為、為而不有的心境，將第二齡的「生涯發展」逐漸向第三齡的「生趣閒賞」過渡。退休的重點不在退而在休，休閒以自求多福、自得其樂。

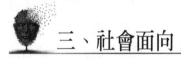

三、社會面向

1.生　涯

「生涯」一辭出自莊子「生也有涯，知也無涯」，如今多指個人事業發展。觀察兩岸四地及海外華人社會，事業發展大致在打造安定中求進步的中產生活。這種生活型態深植於資本主義商品經濟和社會中，以職場生涯及消費能力體現個人與家庭的生活水準，包括養老給付。臺灣近期為了年金改革鬧得沸沸揚揚，上街頭抗議的人雖然主要為軍公教，但此一族群仍歸於廣義領固定薪資的上班族，其生涯期望與民間受薪階層大同小異。以教師為例，作育英才被視為崇高行業，似乎不宜錙銖必較，但問問那個老師樂於接受從「七五制」改為「八五制」而延長任教？老師也是組織員工，同樣追求體制內的合理性與正當性。

國外的情形也類似，法國為了延後屆齡退休，引起全國性抗爭持續不斷。到底各地上班族及勞工在爭取什麼？說穿了就是希望進入中老年能夠無後顧之憂，以免成為「下流老人」。此一說法來自日本，意指老後生活品質由中產向下沉淪而接近貧窮，原因是固定年金的縮水。老病

學雖然跟生死學一樣歸於應用哲學探討，但是老病學的現實性更強烈；也就是說它必須扣緊每一個體所依存的社會背景而考慮，不能掛空地談。一旦要反映社會面向的現實性就離不開錢，連對岸共產黨在改革開放初期的目標，都是希望讓一部分人先富裕起來。現今大陸有四億多中產階級，雖然僅佔總人口三分之一，卻是全球最大的一群。

2.中　產

　　社會科學對中產階級的認定有客觀標準，但是人們主觀上的「自我感覺良好」也很重要。雖然像小國不丹的人民「幸福感」很強，但那畢竟屬於道家式桃花源的特例；倒是臺北市的「幸福指數」在全球名列前茅，值得進一步考察。臺北市常被譏諷為「天龍國」，但這正反映出它在中華民國各縣市之內的高端地位；從老病學來看，光是平均餘命居全國之冠就應該被肯定。其實任誰也看得出首善之區教育水準高、商業化普及、醫療資源集中，加上全民健保的落實，在在讓都會居民真正感受到無後顧之憂，連後事料理都不需要太操心。這才是最真實的個人處境，足以作為老病學的立論基礎。

　　老病學的建構反映出大智教化的宏旨，為中老年人提供一套能夠落實且無後顧之憂的人生信念系統，此即追求「儒道融通」下的「中年中產中隱」。人到中年若得躋身中產衣食無缺，當屬儒家式「有為」的結果；然而知命後開始入老，就應該逐漸向道家式「無為」的中隱靠攏。中隱不但是生活型態，更屬心靈境界，這點容後再談。倒是中產價值必須護持，那就是「永續發展」。在一個開放社會中，宏觀的國家治理和組織管理要強調發展，微觀的個體成長也需講究。眼前各地華人社會無不重視經濟，讓百姓活在中產下方得安定中求進步。此乃老病學之基座，卻可能受到政治力量衝擊而有所動搖，必須防範於未然。

3.入 老

　　入老既是過程也是結果，如今我國法定老齡為六十有五，平均餘命則在八十上下。老病學從半百講起，跨度三十載，入老之年正好過半；前半歸入老過程，接下去則屬向死的老後。入老的受病大致是逐漸「有感」，真正危機則出現在老後的失能及失智；雖然平均餘命八十，統計顯示的健康餘命卻只有七十二，剩下八年則為高風險時期。入老最直接的問題還是病，老年病醫師陳亮恭在《2025無齡世代》中強調：「討論老人的定義，……最重要的還是健康上的考慮。……發展晚年期人生所需要的照護服務模式，不僅是為了有效運用醫療資源，更是希望發展出最適合長者所需的照護模式。」老病糾結遂成生命實相。

　　不同於生死學注重臨終關懷、悲傷輔導以及殯葬管理，老病學主要還是在面對「活著」這件事；亦即在中老年時期如何活好活滿，以示不虛此生。活好活滿不見得要長壽，長壽若身心俱衰有時等於活受罪，這點在世上最長壽的日本人看來更是感同身受。松原惇子在《長壽地獄》一書中寫道：「在現今的日本社會中，抱持著『想死卻不讓我死』這種想法的高齡人口，竟占了相當的比例。我想，這才是真正的『長壽地獄』吧！……『壽命長短』是由上天決定，但『如何不受苦痛折磨地離開』，卻是我們每個人可以自己決定的。」老病學主張人生在精不在多，活得無怨無悔而非痛不欲生，才是最佳結局。

4.風 險

　　老病纏身又無藥可救的活受罪絕非任何人所樂見，何況受罪的不止是當事人，更連累從事照顧的家屬，這些都是現代社會過度醫療化所導致的弊病。尤其當衛生保健整體條件大幅提昇後，許多人都活出了應有水準，但相對所面臨的內外風險也同步增加。像癌症多發於中老年人

身上，根據統計國人有百分之二十八的機率罹癌，更早已高居死亡原因首位多年。爲使得健保支出開源節流，實施預防醫學以降低各種疾病的罹患風險已成當務之急。事實上這的確爲老病學在社會面向上的重大課題，尤其是通過大智教化向中老年人推廣風險意識以自求多福，更可視爲建構老病學用以深化生死學的主要目的。

　　強化風險意識進一步促成風險管理，風險管理概念的提倡，跟保險業關係密切。過去人們不樂意主動買保險，如今卻樂此不疲，足見觀念上已出現重大變革。不僅如此，由政府所執行的社會保障制度，更爲民衆帶來福祉，像強制性的全民健保就屬於規避風險的良法美意。我曾在《殯葬與生死》寫下：「人一旦生病就可能接受醫療照護，目前臺灣的醫療照護服務雖然有全民健康保險在支付，不過碰上重大傷殘或疾病，對家計仍難免構成沉重負擔。與其亡羊補牢，不如未雨綢繆，這也許是時下人們流行買保險的原因；換句話說，大家已經具備了規避風險的意識。」不過花錢買安心還是不如積極鍛鍊身心來得務實。

四、倫理面向

1.送　終

　　倫理指的是人際倫常的道德規範，西方受基督宗教影響，認爲人歸上天創造物，任何人都必須遵守相同的原則行事，屬於「異中求同」的倫理實踐；中國則在儒家思想薰陶下，主張人應有差等之愛，呈現爲「五倫」關係間「同中存異」的倫常規範。人雖然是社會動物，但是西方多將社會視爲背景而彰顯個人主體性，華人則主要考慮自身的倫常行事能否符合社會期待。老病學既然關注中老年華人的處境，在倫理面向的建構上就必須考量「五倫」的運作，其中尤以「孝道」爲最。雖然如

今已步入後現代，但是「百行孝爲先」的古訓卻始終深植華人內心，一旦碰上生養死葬的現實問題，更是必須妥善處理，以免引人議論。

中老年華人所面臨的送終，其實分爲上下兩層；首先碰到的是爲長輩送終，接著就需要考慮自己的晚年了。通過社會觀察發現，中年後期也就是五十至六十五歲的國人，多少會面臨父母的生養死葬；像我便在五十五歲前後一年半之內，先後爲繼父和母親料理後事，期間還包括對老母的贍養。一如美國哲學家諾齊克在《經過省察的人生》中所言：「一個人在其父母雙雙去世之後，他自己的死亡對他而言就變爲眞實的了。」此後所遭逢的處境，在華人社會特有的「養兒防老」心態下，是否能夠眞正兌現，情況恐怕不見得太樂觀。如今反倒是「久病床頭無孝子」更成爲可能結果，必須防範於未然。

2.齊　家

「五倫」之內跟家人有關的包括「父子、夫婦、兄弟」三者，此中夫婦乃人倫之肇端，到如今更構成「老來伴」的唯一可能，其餘子女及手足大致都不可靠也不必靠。我說這話並非危言聳聽，而是希望反映某種社會現實，同時打破長久以來的迷思，那就是「養兒防老」。華人看重家族及家庭無疑具有儒家思想的深厚背景，加上以農立國安土重遷，更形成藉孝道維繫倫常並凝聚生產力的傳統。最明顯的表徵便是強調「君君、臣臣；父父、子子」，以確定「忠」與「孝」所蘊涵的不可忤逆性。這種具有強制力的道德規範，在當今行爲社會科學的文化生態學分析下，發現其乃一時一地之產物，並不足以放諸四海皆準。

西方人不懂孝道照樣能夠安頓親子關係，世界各民族有不少也具備濃厚的家族觀念；但是老病學既然主要針對中老年華人，則繞不過對孝道的反思與批判。尤其現代華人的生活型態已大幅朝向城市化核心家庭發展，一個屋簷下頂多只有上下兩代共同生活；一旦子女長大成家立業，父母立即進入空巢期，甚至延續到老到死。道理很簡單，因爲子女

也擁有他們的核心家庭，有後代要撫養，反向贍養恐力有所不逮，而且也沒有必然性。瞭解此點，老倆口的齊家之道首先必須揚棄一廂情願的養兒防老迷思，未雨綢繆以自求多福，例如以房養老，或是將財產交付信託等。至於遺產的分配，就當量力而為並減少性別歧視。

3.合　群

　　傳統思想不止講「五倫」，還提出「八目」以次第落實人格發展；其以「修身」為本，向上開展「齊家、治國、平天下」的宏大理想。但這是兩千五、六百年前孔子時代的產物，當時指的是諸侯國與周天下，可以藉週遊列國實現之，如今則完全不是同一回事。身處後現代多元社會，我主張在「齊家」之上另立「合群」一目，以示「關心社會、參與社群」的重要。社會即指群體，社會學傳入中國首先被翻譯成「群學」，其實恰到好處。老病學關注中老年生活，而中年和老年的分野往往就是退休；入老離退雖然可樂享年金及各種優待福利，但一方面卻也可能被社會逐漸邊緣化，讓身心受到雙重影響。

　　《老，自在》對此有一針見血的描述：「綜觀今日社會的生活體系，……『老年』總是處於邊緣裏曖昧不明的生活領域。在『青春崇拜』的社會潮流下，許多老人只能模仿年輕人的生活樣態而存在，……猛然回頭瞥見自己一身落寞，只能慨嘆前塵不勝唏噓。」讀來不免悲哀，但是又何奈？然而「此念是煩惱，轉念即菩提」，一念之間或可改變許多事。老來通過自我貞定重新「合群」而非「離群」，也許得以延緩身心退化。合群可以重回職場，或參與社群，包括各種社團活動。管理學家杜拉克觀察作為第三部門的社會性組織時，發現志工團體是一大人力資源，其中又以中老年人居多。至於當上「高年級實習生」，更屬難能可貴。

4.受　病

　　老病學一如生死學可視爲華人應用哲學的應用，它發現中年人逐漸入老，慢病也就接踵而來，上醫院看診的機會隨之增加。如今區域型醫院以上大多設有醫學倫理委員會，以處理生物醫療科技所帶來道德上的困境，我就曾經擔任過三年外聘委員，跟醫師共同面對疑難雜症，甚至投票決定是否拔管以結束生命。如今醫療化既已成爲社會趨勢，只能寄望醫療機構潔身自好，多以病患利益爲重，進而造福社會人群。設置醫學倫理委員會雖屬政策執行，但醫療機構專業人員仍然需要擁有一定「道德思考與抉擇」的能力，以從事「生命與科技倫理」的適當判斷；而這正是過去高中生命教育所開授八種課程中的兩門。

　　生命課如今雖已改弦更張，但社會對於醫學或生命倫理關注的需要卻與日俱增。大陸學者李明書在一篇〈生命倫理學與生命倫理管理機制的評估〉中便寫道：「醫療的新技術推陳出新，……若要對於新興議題進行探討與評估，則勢必要在有限的範圍內，有效地解決迫切的問題……。這種評估方式已不再是理論上的論證，而是審查醫療行爲的程序、環節是否有違背常識道德或制度、法律的情形。」由此可見，傳統倫理學已不足以因應複雜多變的現實情況，只能轉而讓應用哲學中的應用倫理學一展所長。受病當然需要醫療，但醫師並不能也不應「扮演上帝」，臨床倫理決策還是需要醫病雙方共商大計以利雙贏。

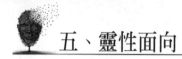

五、靈性面向

1.性　靈

　　我嘗試用萬字論述初步建構老病學並非標新立異，而是對生死學與生命教育的擴充及深化。生死學由西方死亡學和中國生命學有機地組成，並自後者中開創出生死學的核心價值與競爭力。生命學的特性乃是「心性體認本位」，此亦為老病學所認同和提倡；在進入靈性面向之際，更益顯心性體認的重要。靈性即是精神性，屬於較高層與更深層的神識，而與心理活動不同。西方人一論及靈性很容易聯想到宗教信仰方面的事物，然而華人大多不信教，反倒深受儒家思想影響。儒家是一套人生哲理與實踐，對穩定社會有所助益；但安頓人心就需要融入道家思想，方能進退及收放自如。「儒道融通」正是老病學性靈面向的理想境界。

　　我自耳順之年持續發展大智教化論述以擴充深化生命教育，如今拈出老病學主要針對中老年人而發。大智教化的中心旨趣乃是儒道融通的人生信念，用以取代宗教信仰的位置，更可反諷地視之為擬似宗教的「大智教」或「人生教」。大智教化屬於成人生命教育，跨度為二十至八十歲，天命之年正在中場，生命情調理當由儒家向道家過渡。人過中場開始對老病有感，一生發展也由高原走下坡，不宜再學儒家的積極進取，而應改採道家的消極保守，用以「持盈保泰」。這是從加法人生向減法人生的轉捩，必須清楚自覺，否則容易自怨自艾。減法人生乃是性靈開顯的體現，性靈派作家袁中郎七度辭官正是最佳例證。

2.中　隱

　　袁中郎是明代文學家「公安三袁」的代表，寫作風格標舉「獨抒性靈，不拘格套」，深爲後世林語堂所推崇。其實中郎的寫作風格與生命情調緊密相連、彼此呼應，像他擔任江南富裕大縣的縣令，別人求之不得，他卻去之後快，理由就是不願「媚俗」。人是社會動物，隨俗成長無可厚非，但是過了中場就必須自我貞定，尋回個人本眞，否則便會隨波逐流，不知所終。當代哲學家陳鼓應在《道家的人文精神》中說：「生命哲學的重大課題即以主體爲思考的中心，儒家過分強調外在的禮儀規範，常常使得道德離開生命、離開主體。儒道對話的意義正在於把儒家『主體之非中心化』的趨向移回主體生命。」誠哉斯言。

　　華人老病學不同於西方死亡學，屬於應用哲學而非社會科學；基於「後科學人文自然主義」的理念，向中老年華人提供「儒道融通」的心理建設和精神武裝。對中年人而言，「中產中隱」是最理想的生活型態。「中隱」之道爲白居易所創，有詩爲證：「似出復似處，非忙亦非閒。不勞心與力，又免飢與寒。……人生處一世，其道難兩全。賤即苦凍餒，貴則多憂患。唯此中隱士，致身吉且安。窮通與豐約，正在四者間。」這是道家獨善其身思想的體現，必須年過半百再浮上檯面。畢竟人生下半場的最終目的乃是「讓人生的終點歸零」，而這正是一本推廣自然葬的日本書名，反映出對於「是非成敗轉頭空」的深切體認。

3.孤　獨

　　儒道二家思想皆歸現世主義，不談生前死後之種種；就生死學而言，最高境界即爲「應盡便須盡，無復獨多慮」。但從老病學觀之，現代人在死前的老病纏身階段其實問題重重，必須懂得自行化解。美國社會學者克里南伯格在《單身社會》中提到：「人類最偉大的成就往往也

帶來最艱鉅的挑戰……，長壽也不例外。……這意味著今時今日一對
配偶或伴侶中常常會有一個會比另一個要長壽……，面臨孤獨一人的情
形。……獨自面對老年也意味著需要學習不同的生活方式，在人生其他
階段可能是簡單而平凡的事，……當老年而變得虛弱時，可能會變得難
以應付。」困境當前如何自處？養兒防老絕非最佳選項。

　　老年學主張孤獨不等於寂寞；寂寞是落單後的苦痛，孤獨卻可以
創造獨處之樂，關鍵實繫於一念之間。入老生活首先要確認求人不如求
己，配偶作為老伴總有先走後走；先走算是幸運，後走也不能懷憂喪
志，善用社會資源或為解套途徑。像目前就有社區教育學會結合老人自
助團體、學習團體、時間銀行、實踐社群等理念，去推動老人自助學習
團體。以社區力量主動出擊關愛獨居老人固然是好，但選擇住進安養機
構而非在家孤獨死也屬重大決定。當然住養老機構應量力而為，但總比
一心想望子女照顧來得務實。無奈此一觀念及風氣在國內始終未開，有
待老病學積極倡議，以期達到移風易俗的效果。

4.向　死

　　「向死而生」是德國哲學家海德格的創見，2015年被資訊界名人李
開復借來用於出版他的抗癌著作《向死而生：我修的死亡學分》。他在
後記中寫道：「癌症惠賜的死亡學分教會我懂得感激，『不再對每一天
習以為常』……。與死亡擦肩而過，讓我明白那些習以為常的情誼，往
往是生命的空氣和水，看似平常卻無比重要，我再也不會輕忽。」他罹
癌時僅五十一歲，經歷一年半載的治療大致痊癒，從而更懂得感恩惜福
積德，樂於將下半輩子親近人群而遠離世俗。如今他已年近耳順，從中
年逐漸入老，相信「以病為師」會令他格外珍惜人生。作為人人稱羨的
「人生勝利組」，李開復的身心歷程的確是老病學的優良教材。

　　在我近年持續筆耕以宣揚大智教、人生教的過程中，連同本書共
出版六部著作，它們皆可視為不斷地「接著講」，建構老病學便屬最新

嘗試。本論文多少有些現身說法、夫子自道的味道,因為老病在身正是最真實的處境,大可採用自己的生命敘事跟別人的智慧之見交相為用。作為老病學靈性面向的基本課題,以「向死而生」的本體論銜接上「由死觀生」的認識論以及「輕死重生」的價值論,適足以全方位呈現一套「生老病死應用哲學」,說與有緣人聽。面對生老病死的態度見仁見智,像我只想活到七十六歲;未料2018年電影「十年日本」竟預言十年後要推廣「七五終老計畫」,以自願安樂死來減輕政府負擔,構想值得深思。

結　語

　　以議論文章借題發揮並非憤世嫉俗的危言聳聽,而是振聾啟聵的苦口婆心。近年生死學在兩岸蔚為流行,對推動臨終關懷與悲傷輔導頗有助益。但那主要是在處理死期已近的狀況,對於老病纏身無可適從的人卻沒有直接作用,建構老病學的想法遂在我的內心應運而生。本論文以五個面向呈現老病學二十項基本課題,僅限於點到為止,且難以面面俱顧;尤其是我的「後科學、非宗教、安生死」用心,更不見得會被普遍認同,但終究屬於告白式的「我手寫我心」。它不曾發表或講授,雖列為本書附篇之一,卻是最新作品。倘若時機成熟且因緣俱足,我會持續書寫小品式的老病學手記,跟朋友們分享老後心得。

參

生命教育與家庭教育

引　言

　　本論文的寫作目的，是希望在本土化家庭教育脈絡中，推廣華人生命教育。生命教育於上世紀末創始於臺灣，用以取代和擴充傳統德育；由於提法正向積極，不久便傳播至港澳及大陸，且先後形成爲教育政策。它在臺灣以多樣性的倫理教育面貌呈現，於港澳分別反映出宗教教育與心靈教育的精神，到大陸則結合心理健康教育及思想政治教育而持續發展。但無論在何處推動，其本質皆不脫倫理學及道德教育，遂與哲學息息相關。作爲「五育」之首的德育，更需要緊密紮根於中華民族文化的土壤中，方能眞正作育英才，蔚爲國用。基於此等考量，本論文便自我貞定住華人生命教育立場，將相關課題落實於家庭之中。

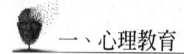

一、心理教育

1.輔導諮商

　　華人生命教育係以華人應用哲學爲基礎，因爲生命教育基本上是倫理道德教育，而倫理學則屬於哲學的重要分支。「現代教育學之父」赫爾巴特於十九世紀初出版《普通教育學》一書，指示應以倫理學爲教育學樹立宗旨，由心理學來奠定方法；心理學在當時仍歸哲學，至該世紀下半葉才獨立成爲科學學科。心理學向科學靠攏所模仿的對象是物理學，逐漸走向觀察外顯行爲而無視內在意識的實證途徑，導致看不見「心」更忽略了「人」。爲找回關注人心的初衷，並以此造福人群，應用心理學遂於二十世紀中葉以後應運而生，其中源自教會的輔導諮商更形成爲一套專業服務。

　　創始於臺灣的生命教育傳入大陸後，於2010年列爲國家教育發展重要政策之一，由各省市依民情規劃執行；而自多年實踐積累中，可大致看出它朝兩大方向的結合，此即心理健康教育和思想政治教育，後者被視爲大德育。由於本論文主要關注學齡前的家庭教育，因此取生命教育與心理教育的交集爲入門進路，漸次論及家庭教育、親職教育，以及師資培育。一旦講到心理教育就不脫輔導諮商，這正是西方應用心理學最常運作之所在。它在美國已發展成爲熱門的「助人專業」，提供收費服務。有意義的是，相關教科書所列舉的十幾種輔導學派，竟然有近半可歸於哲學，看來應用心理學已有回歸哲學之勢。

2.兒童發展

　　心理學的原意乃是「研究靈魂的學問」，在上古「希臘三傑」時代便已存在，其後探索對象不斷轉變，包括精神、心靈、意識、行爲，以及現代所關注的認知；此中行爲與認知屬於科學課題，其餘則歸前科學時期的哲學課題。如今心理學被列入社會科學學科，入門教材的內容至少包含生理、感覺、情緒、人格、發展、學習、認知、異常、社會心理等方面；家庭教育所關切的兒童發展即是發展心理學的一環，至於發展特徵則表現於上述心理學基本內容中。由於生命教育在形成之初完全針對未成年學生設計，而家庭教育主要適用於學齡前兒童，因此融匯二者並用於兒童發展上，大致指向社會化之下的道德發展歷程。

　　生命教育的本質是倫理道德教育，可對焦於兒童的道德發展著眼使力。在這方面至少有兩位提出認知發展理論的心理學家相當重要，那就是瑞士的皮亞傑和美國的郭德堡；前者發現兒童道德發展係由「無律」、「他律」走向「自律」三階段，後者追隨並修正前者而提出「三水平六階段」說。後來郭德堡的學生吉利根從批判老師的「正義倫理」中展開自家本事，開創出當今十分重要的「關懷倫理」，爲生命教育所傳授的生命學問奠定下紮實基礎。關懷倫理強調的是主要由女性所散發

出的陰柔特質，用以平衡並稀釋社會上到處充斥以男性爲主的陽剛習性。家人相處之道，可由此得到啓發。

3.心理素質

大陸在改革開放以後，於教育理念與實踐上所作出的重大貢獻之一，便是提出了「素質教育」來解決「應試教育」的弊病。以教育提高人民素質是鄧小平的睿見，素質教育遂於上世紀八零年代中期應運而生。當時全國教育正由文革的撥亂反正當中逐漸步上正軌，卻一不小心又朝傳統社會「一考定終生」的方向傾斜，家長和學生都對成績斤斤計較。爲平衡考試至上的學習方式，素質教育主張從娃娃抓起，全方位開發孩子的素質潛能，讓他們得以身心和諧地穩健發展。「素質」意指不待學習的天生能力，類似柏拉圖所重視的先天觀念；教育的目的正是喚醒個體對於先天觀念的記憶，從而成長爲整全的人。

一如生命教育是臺灣的創新產物，素質教育無疑深具中國特色；但也因爲二者的名稱都很正向積極，彷彿能夠無所不包，以至到頭來納入太多內容卻難以消化，反而容易失焦。素質教育最初只針對中小學生的應試教育，後來向上發展至大專層級，形成文化素質教育公共課。對岸各大學的文化素質課類似西方大學裏的通識教育課，都屬於相對於專門或專業課程的修養課，其中便包含激發並提昇心理素質的相關課程。像把生命教育融入心理健康教育，便具有此種效果。但這跟家庭教育有何相關？答案就在家長教育的「親職」中。「親職」指爲人父母的基本職能，充分發揮始能有效教養子女，這便牽涉到父母心理素質是否健全。

4.心性本位

一般人多將「家庭教育—學校教育—社會教育」視爲三爲一體的連續統，但其間關係並非一刀切，而是類似漸層渲染相互滲透。像家庭教

育若指父母在家教養學齡前子女尚稱到位,然而一旦指向培養爲人父母職能的親職教育,就等於是社會成人教育的一部分。因此在面對家庭教育實務的過程中,必須懂得分辨對子女以及對父母兩個層面的教育。但無論是針對上或下那一代進行教育活動,人的心理素質都屬於重要內容並居於核心地位。心理學在西方最初研究的課題,便是人類獨具的「靈魂」;而在中華傳統文化內,「人性」問題則引起了廣泛注意。像人們常聽到的「性善」或「性惡」說,都跟教育息息相關。

中國原本並沒有西方式的心理論述,有的只是關於「本心」與「本性」的議論。認眞討論心性當自孟子開始,他以「四端」分辨人獸之別,只有具備惻隱、羞惡、恭敬、是非之心,才稱得上是人;另一方面他則主張人性本善,正是孟子指出告子曾說「食色性也」,用本心去指引本性就可能達於善。當然這只是儒家的一種觀點,主張性惡的荀子也屬於儒家;而眞正跟儒家大異其趣的乃是道家,尤其是莊子。莊子有自己的一套心性之學,「生死學之父」傅偉勳對其高度推崇,盛讚「莊子是心性體認本位的中國生死學的開創者」。生死學較生命教育早四年同樣創立於臺灣,後來列爲中小學生命教育類課程之一「生死關懷」。

二、家庭教育

1.西式教育

家庭教育是西式教育的起點,與學校教育及社會教育覆蓋人的一生,如今統稱作「終身學習」。家庭教育在臺灣早於三十多年前便有嘉義大學設立研究所專研此道,但在大陸至今仍方興未艾,有待大力推廣,畢竟這正是關心下一代的具體表現。本論文嘗試將華人生命教育融入家庭教育,使之相輔相成、相得益彰。我們可以這麼說:生命體現

為個人的身心發展歷程，而家庭、學校及社會則構成落實生路歷程的載體，自我實現盡在其中。由於家庭教育係作為受教的起點，生命教育在融入之前，有必要對其作出考察，以瞭解何為家庭，西方的家庭教育又在處理何種議題，之後方能確認生命教育在何處著力以作出貢獻。

　　一般而言，現代家庭多指由父母和子女兩代人所共組的核心家庭，若再納入其他直系及旁系親屬則為擴大家庭。在核心家庭中，子女所面對的是原生家庭和血親家庭，父母則營造出生殖家庭與婚姻家庭。由於家庭生活是成員緊密相連互動的持續過程，類似自給自足的系統，與外界明顯分別，因此西方學者遂以系統觀來推廣家庭教育，其元素包括家庭成員、成員關係、家庭文化、家族歷史、溝通型態、家庭氣氛、物理環境、經濟條件等。系統觀認為兒童行為是由子女、父母、家庭及社會相互作用下的產物，上樑不正下樑歪，於是父母在教養子女之前，必須先行反身而誠，通過自覺以確認適當的教養方向和行動。

2.家庭生活

　　西方國家除了落實家庭教育外，美國更積極推廣「家庭生活教育」，用以促進多元文化下的家庭幸福。「生活」正是「生命」著落之處，家庭生活適可作為生命教育的課題；像過去生命課設有「性愛與婚姻倫理」一科，就對生兒育女之前的愛情與婚姻生活多所著墨。有句話說「人倫肇端於夫婦」，道盡生命的意義終不脫傳宗接代；但是作為夫妻和子女的真諦，東西方可謂大異其趣。西方人於基督宗教《聖經》內便規範一夫一妻制，也少有重男輕女的問題；相形之下，中國直到帝制結束後才真正走向西化，但將出嫁女兒視為外人的心態至今依然存在。在這種情況下，華人家庭生活的改善必須通過本土化教育方能見效。

　　其實無論是家庭教育或生命教育，都必須正視與重視自古以來深入人心的「男大當婚，女大當嫁；不孝有三，無後為大」的觀念迷思。這是指「結婚生子」乃人生圓滿唯一途徑，但時至今日，在西方後現代

思潮的衝擊下，「結婚不生、不婚不生、不婚生子」都足以構成人生選項。臺灣前一陣還爲同性成家議題舉辦公民投票，足見人心不古。相形之下，大陸社會受到「社會主義核心價值觀」的洗禮，尚能維繫一定民風；但是若要長期穩定，嚴格執法固然重要，教育實踐亦不可或缺。生命教育的特色在於情意成分多於認知，尤其對於中小學生均施以體驗教學，更反映出它的潛移默化教育精神。

3.關懷倫理

　　哲學中的倫理學在上世紀八零年代出現重大突破，此即關懷倫理學應運而生。在她問世以前，沒有人會想到倫理道德的價值判斷，竟然有性別差異。關懷倫理學於兩年之內由兩位美國女性學者不約而同醞釀生成，1982年東岸哈佛大學教育心理學家吉利根發出《不同的聲音》振聾啓聵，1984年西岸史丹福大學教育哲學家諾丁出版《關懷倫理》讓新穎觀點浮上檯面。諾丁後來另著有《教育哲學》一書，以哲學史加上哲學概論的雙重途徑，重新建構教育哲學論述，令人耳目一新。我曾受其啓發而撰成一部標幟「華人應用哲學取向」的教育哲學論著，而教育哲學正是應用哲學的重要組成部分。

　　將生命教育的理念融入家庭教育之中，主要還是爲了促進家庭功能的有效維繫與運作。西方人認爲家庭是個人的避風港，華人則常說「家和萬事興」，足見家庭對個體的成長發展起到了關鍵作用。但是家和與否肯定有文化差異，西方人不講究孝道，親子關係仍能維持相互尊重；華人百行孝爲先，卻容易形成順從大於敬愛的單向關係。走進新世紀後現代，我們的家庭教育一來要避免全盤西化，二來也不能以不變應萬變，而是學會與時俱進、推陳出新、止於至善。具體作法便是將關懷倫理的貼心旨趣，導入傳統倫常之中，把西方的後現代精神跟華人「儒道融通」後的新孝道進一步揉合，從而突破創新。

4.華人倫常

　　關懷倫理無疑是後現代產物,後現代思潮在西方被視作「晚近資本主義的文化邏輯」,其特色即為「質疑主流,正視另類;肯定多元,尊重差異」。相對於陽性觀點的「正義倫理」,標榜陰性觀點的「關懷倫理」堪稱另類;但後現代的最終目的乃是打破主流與另類之分,以利多元社會互利共榮。到底關懷倫理對華人家庭有何可能貢獻?這首先必須瞭解關懷倫理的特質。與關懷倫理相對的正義倫理包括德性論、義務論、效益論三者,跨度長達兩千多年,發展出一些抽象的倫理道德原則規範,要求人人遵循,是為「異中求同」。相形之下,華人倫常主要是通過儒家「五倫」來建立相互關聯,可謂「同中存異」。

　　洋人「依原則行事」的作法通稱為「原則主義」,而華人「看情況而定」的考量則視作「脈絡主義」;前者受到基督宗教戒律影響,後者則圍繞儒家教誨運作。「五倫」係指「君臣、父子、夫婦、兄弟、朋友」,自古以來便左右人們的應對進退。儒家的道德規範對維繫社會穩定大有助益,因此受到歷代帝王的青睞,漢武帝以降甚至「獨尊儒術」。五倫之中的父子、夫婦、兄弟倫常跟家庭有關,而以孝道作為鞏固陽剛父系社會的基石。這些倫常不是不好,而是不足;走進新世紀後現代,價值多元化的要求此起彼落,儒家教誨面臨社會變遷,有必要作出調整,向道家求緣便是復古兼創新的作法。

三、親職教育

1.親子關係

　　通過生命教育的考察，我希望對家庭教育提出建言；本著華人應用哲學進路，我嘗試採用關懷倫理所反映的後現代精神，向華人家長推薦「儒道融通」之道，以利家庭幸福和諧永續發展。「儒道融通」最有意義的例證，可見於北京師範大學2011年出版、譚維智所著《莊子道德教育減法思想研究》；這部教育論著開宗明義便提出了「莊子針對儒家的道德加法提出做減法的主張」，值得我們深思熟慮。簡單地說，加法式教育就是用禮樂教化去激發擴充人心之中的仁義禮智信、溫良恭儉讓等道德感，令其發揚光大。問題是這種把自己所肯定的倫理價值施教於人，不見得會得著認同，司馬遷在《史記》中便據此抑儒揚道。

　　在莊子看來，儒家道德教化實難以擺脫強迫順從的意味，其功能令人懷疑；替代的作法乃是求人不如求己，反身而誠，無向外馳求之誤。平心而論，道家這種無為而治的教育方法，只能用於成人；學生已難以奏效，更不用提孩童。但是家庭教育中的親職教育正是成人教育，將減法德育用在家長身上，使之產生自覺反思，就會自然地令子女受益。以親子關係的改善為例，一般父母是通過教訓去讓子女改過遷善，立意雖好卻可能效果不彰，因為子女自有其個性也會反抗，遂形成彼此間的張力。真正的改善必須要求父母設身處地，反璞歸真，回憶自己的孩提時代，盡量發揮同理心去為孩子設想，此即減法之作用。

2.兒童教養

不過話說回來，兒童教養終究不能完全無為而治，否則就成為放縱，反而斲喪了孩子的生機。因此家庭教育的適當作法，還是得回到前面提及的關懷倫理，再加上儒道融通；用華人應用哲學的表述，即是「後科學人文自然主義」。如今各種教育的理念與實踐早已從哲學向科學傾斜，大陸高校多設有「教育科學學院」，儼然科技掛帥。不過學校教育或可多採行科技工具輔助教學，家庭教育卻不宜此道，畢竟兒童教養仍當以情意為重，關懷倫理於此遂有其用武之地。「關懷」意指「關心、照顧」，如今已成護理專業的核心價值，與醫療的「診斷、治療」相輔相成。而西方護理的源頭，正是對子女和家人無微不至的照應。

由關懷倫理所反映的後現代精神，足以將科技的認知取向部分轉化為人文的情意取向，此即「後科學人文主義」的蘊義，屬於西方另類思想的應用。至於「人文自然主義」的本土化，無疑正指向儒道融通下的活學活用；像胡適及傅偉勳等學者，就以人文主義及自然主義來標幟儒家與道家思想。將後科學人文自然主義的華人應用哲學實踐於兒童教養上，相信能夠執中道而行，無過與不及。首先以關懷倫理的陰性氣質培養同理心，讓為人父母者能喚回自身幼時記憶，將之投射於兒女身上，用以設身處地展開教養。教養過程當以儒道融通為主軸，但其核心乃是道家減法無為，而非儒家加法有為；無為無不為，生命交融於為而不有。

3.雙親職能

「親職教育」之說屬於舶來品，係將為人父母的身分，當作家庭生活一項重要職能；其並非與生俱來，必須不斷學習方能與時俱進。親職又可分為父職和母職，對幼兒教養而言，一般印象是母職重於父職，

此一判斷大致不差。因為從「關懷」視角看，西方護理照顧以及其前身的子女養育及家人關照，均歸於母性的延伸；這點在自古以來即以父系家庭為主的華人社會，同樣符合「男主外、女主內」的刻板印象。親職教育乃是相對於子女成長發展而言，現今有些夫婦選擇當無後的「頂客族」，就無所謂家長和親職問題。而西方所實施的親職教育課程，大多源自各種輔導諮商理論。

將生命教育融入家庭教育，若期待能夠學以致用，必須瞭解它雖然不見得會立竿見影，卻很有可能產生潛移默化的效果。由於教育與輔導已屬於各級學校的基本功能，本論文所強調並彰顯的乃是「生命學問」；依新儒家學者牟宗三的說法，它必須是「生命中心」而非「知識中心」，也就是中土文化內「盡心盡性」的工夫。此一闡述或許抽象，大家只需把握其微言大義，那就是「自我貞定」。這屬於儒家的獨善自持修養工夫，由於華人社會所流行的中國式家教多來自儒家傳統，尤其是作為核心價值的孝道，因此要從正本清源中推陳出新，必須回到儒家傳統重新出發。

4.與時俱進

傳統儒家思想被「至聖先師」發揚光大，至今幾乎已完全內化於所有華人生命之中；如結婚等終身大事，就不能像西方人僅視為兩個人的事，而必須落實為兩家人的事。無可置疑的是，儒家思想在中土甚至整個東亞地區，至今仍存有不可忽視的影響力，其地位就類似基督宗教在西方世界的重要性。不過時代與社會終究是在不斷與時俱進和推陳出新，生活在二十一世紀華人社會的我們，兩岸四地不約而同持續受到西風東漸的衝擊，即使是有著堅定中心思想與核心價值的大陸，也不可避免地在維持改革開放的情況下，努力通過復興中國夢而有為有守。而儒家所提倡的「八目」，則是個人自我貞定的依據。

「八目」即眾所周知的「格、致、誠、正、修、齊、治、平」八

項德目，其新解可以從「修身」做起，此乃通過前四目以自我貞定，再向前次第發展「齊家、治國」的理想。問題是「八目」標竿已有兩千年以上歷史，必須與時俱進方能永續發展。對此我主張在「齊家」與「治國」之間納入「合群」，以示通過參與社區而服務社會。至於「治國、平天下」的實踐，於今不外善盡公民責任，同時不斷關注全球脈動。親職教育之所以討論此等高度，是因為華人的自我實現包括獨善與兼濟兩方面，親職教育既是成人社會教育的一環，理當「取法乎上，得之其中」。家庭幸福與社會和諧必須相輔相成，方能真正「家和萬事興」。

 # 四、師資培育

1.教師專業

以家庭教育聯繫上師資培育，一來是因為現在不少家長將學齡前子女送至幼兒園就讀，而幼兒園老師也算是教師；另一方面則為配合親師合作的趨勢，讓家庭教育順利過渡至學校教育。各級教師如今已蔚為一門重要專業，教師要就業必須先經過一系列正規的師資培育，正式任教後還需要終身學習而接受各式各樣的研習。一如親職教育是為培養新手父母，師資培育也是為教師生涯而準備。由輔導理論轉化生成的親職教育，發展出不少訓練課程，其中之一稱之為「家長即教師」，根據行為主義「增強」理論，導正孩童學會「趨吉避凶」，以發展正向行為。但這套理念將人與動物類比，忽略孩子具有「主動能動性」，作法有待商權。

心理輔導理論的光譜涵蓋從科學到人文的各式見解，行為主義和人本主義可視為兩個極端，其間尚有一些各有所長的理念，難以融合只能並存，遂被教科書形容為「輔導理論的叢林」。在提倡教師專業化的

今天，教師的主要任務不止包括課程設計、教學活動，還要隨時進行學生輔導；但是目前輔導理論卻莫衷一是，常令人無所適從。教師對此不妨退一步看，嘗試自生命教育實踐中，尋求突破創新之道。源自臺灣的生命教育經歷二十多年的發展，最近推陳出新提出五大「核心素養」：「哲學思考、人學探索、終極關懷、價值思辨、靈性修養」，可歸納為「安身立命、了生脫死」兩大實踐方向，值得兩岸四地教育人士參考。

2.教育倫理

　　生命教育緣起於對傳統德育的創新擴充，它在臺港澳分別體現為倫理教育、宗教教育及心靈教育，於大陸則與心輔和思政教育結合，後者被視作大德育。從宏觀面考察，生命教育大致還是圍繞著倫理道德相關課題而施教，施教對象除了學生也包含教師，由是教師倫理與教育倫理同樣可列入探究議題。本論文著眼於華人教育哲學觀點，向從事及關心家庭教育的各界人士推廣生命教育；由於教育哲學的基本內容之一正是教育倫理學，大家宜對此保持一定認識。尤其當教育哲學作為教育學的核心分支，而「現代教育學之父」赫爾巴特曾明示應以倫理學為教育學樹立宗旨，教育倫理的重要遂不可言喻。

　　教育倫理學大致包含教育倫理和教師倫理兩大面向，其中教育倫理呼應著赫爾巴特的初衷，為各種教育活動賦予意義與價值；至於教師倫理便指向師德的養成，尤其在師資培育的專業養成下，教師更是學生及孩童的人生典範。「學高為師，身正為範」，為人師表不是自己高高在上，而是教人取法乎上，教育倫理從而充滿西方理想主義色彩。然而在本土化家庭生命教育的推廣下，「儒道融通」才是最理想的中庸之道。一如前述道家式減法德育所指，教師所為不是像知識傳授般將道德規範傳授給下一代，而是通過關懷倫理「大處著眼，小處著手」的精神，設身處地引領每一成長個體尋找本真，發現自己，從而懂得推己及人。

3.親師合作

家庭教育有狹義和廣義之分，狹義僅指家長在家庭內對學前子女施以養育及教化的活動，廣義則以子女的原生家庭爲單位，用親子關係作基礎，由小到大直到子女成家立業爲止的一系教化。由於廣義家庭教育已擴及學校教育，遂使得親師合作成爲可能，也構成一項相輔相成的教育支柱。事實上，「兒童」乃是一段彈性極大的人類發展時期，它可以涵蓋嬰兒以上直至成年，但大多指向從幼兒園到小學時期，中學以上則另以「青少年」視之。有意思的是，醫院各門專科係爲成人而設，照理十八歲以下皆應看兒科，不過首先要站出來抗議的恐怕是高中生，足見社會對未成年人的認知有著相當出入。

親師合作是百年前美國教育政策的產物，一度發展成爲社區運動；其特色最初是以中產家庭爲標竿，後來陸續面臨大蕭條、二戰、民權運動等境況的衝擊，逐漸走向多元化，但始終維繫住學校、教師和家長之間的互動，如今這種合作甚至存在於大學內。而親師合作也由早年的偏重母親參與，逐漸納入並重視父職角色，這點對華人社會的親職安頓頗具意義。由於中國以農立國，人民安土重遷，遂演成代際輩分嚴明的父系社會；加上儒家「五倫」以「君臣」與「父子」相互對照呼應，更增長了父親角色的天經地義，從未受到質疑。直到西化浪潮覆天蓋地降臨，傳統父職才出現討論空間，古老孝道規範也必須有所修正。

4.自我教化

華人農業社會的傳統家庭由氏族、宗族、家族一路演進而生，長期維持在數代同堂的擴大家庭型態；直到工商業發達形成都市化生活，子女外流至城鎮落戶而形成僅有上下兩代的核心家庭。核心家庭的出現對傳統型態造成一定衝擊，其中影響最大者莫過於孝道的實踐。孝道作

為華人特有的道德規範，其最基本的訴求乃是下對上的「孝順」，亦即無條件順從，因為「天下無不是之父母」。傳統的上下關係既垂直又單向，在輩份分明的擴大家庭內或能順利運作，然而一旦步入現代核心家庭，單向的順從有可能窒礙難行，取而代之則是「孝敬」，亦即雙向的敬愛與尊重。此外垂直關係也同步調整為斜向，是謂「類平輩關係」。

現代甚至後現代親子關係，反映出極為多元的家庭型態，包括生親、單親、繼親、外籍配偶、隔代教養、特殊兒童種種樣式，不但家長教育必須改弦更張，連帶也涉及師資培育。事實上，親職教育和師資培育既列為家庭教育的延伸，更屬於成人社會教育的環節。成人社會教育與其通過制式教育推廣，不如採行隨緣流轉的社會教化落實，具體作法便是終身學習的自我教化。面對此一隨緣特質，本土化生命教育或得以為功。因為生命教育體現生命學問，要求受教者反身而誠、反璞歸真，以儒道融通的修養工夫，通過自我貞定進行自我教化。當其用於家人相處之道，不但有助於破除唯我迷思，更能讓孝道推陳出新。

結　語

·生命教育於上世紀末創始於臺灣，因其提法與內涵積極正向，迅速向港澳地區及大陸擴散，二十多年來已各自融入本地的教育政策中，為關心下一代推動潛移默化的教育實踐。由於生命教育在本質上屬於倫理道德教育，遂與哲學息息相關；此外來自西方的心理輔導理論，也有近半數受惠於哲學思潮，例如人本主義、存在主義等。因此本論文將生命教育融入家庭教育，乃自我貞定採用華人應用哲學為立論基礎，希望大家瞭解它基本上屬於一套本土化愛智之道。「我手寫我心」，本論文所呈現的正是我作為生命教師三十餘載經驗心得積累，它容或帶有個人風格，目的則是鼓勵大家都能開創屬於自己的知行途徑。

生命教育與高等教育

引　言

　　高等教育一般係指中學以上的專科、大學及研究所教育，其與中等和初等教育的不同點至少有二，一為受教者已屆成年，二為施教者多為學者。基於此等特色，專上教育既屬成人教育，又為專業教育，其辦學理念實與中小學的基本與義務性質大異其趣，值得施教者與受教者反身而誠，自我精進。本論文嘗試通過生命教育觀點，檢視東西方及兩岸高教思想的來龍去脈，以利個人自我貞定，進而更上層樓。生命教育目前在兩岸四地皆已列為重要教育政策推動執行，其性質接近「五育」中的德育，涉及倫理道德思想。而「現代教育學之父」赫爾巴特在十九世紀初便提出，應以倫理學為教育樹立宗旨，並由心理學提供方法。

一、大學制度

1.歷史淵源

　　本論文秉持「抓大放小、去繁從簡」原則，提供思索途徑，用以啟發大家深入堂奧的興趣，最終達於安身立命之境。進大學受高等教育對今日華人已是稀鬆平常之事，但在百年前可謂難能可貴。去歲2019年適逢「五四」運動屆百，當年大學生領頭上街請願，提出「德先生」和「賽先生」的口號，希望喚醒政府勵精圖治，影響深遠，至今猶存。這兩個口號分別代表民主與科學，是典型西方產物；而當時效法西方大學於1898年所成立的中國第一所國立現代高校「京師大學堂」，也不過只有二十一年歷史。相較於西方最早出現於義大利的古老大學則有八百多年，簡直不可以道里計。

世上最早的波隆納大學成立於1088年，屬於神聖羅馬帝國。早先的大學都跟天主教會脫不了關係，因為中世紀是個政教合一的時代，辦大學實具有培養教士的任務。古老大學已有頒授學位的傳統，一般而言最高學位有四種，即哲學、神學、法學、醫學博士；其中前者為學術學位，後三者歸實務學位。目前在全球各地高校任教的教師，所取得的最高學位大多為「哲學博士」，正是基於此一傳統。頒發學位的傳統始於中世紀，學術知識的分工則在近代；知識分化與時俱進，學術認可卻謹守傳統。這是因為哲學的原意為「愛好智慧」，代表追求真理；何況在各門科學應運而生之前，幾乎所有知識都歸於哲學。

2.社會背景

西方哲學可分為五個時期，從公元前六世紀至公元後五世紀是古代，下至十五世紀為中世，十九世紀前屬近代，之後進入現代，如今則歸當代。其中中世紀長達千年之久，教會掌權，神學當道，一度被視為歷史上的「黑暗時期」，或許跟此起彼落的宗教戰爭有關。但當時的文化傳承其實並非一片黑暗，大學的創立即是明證。古老大學的成立雖然不脫宗教影響，卻也跟各行各業的行會有關。行會想傳承技藝，便組成學校請專人任教；後來教師也形成行會，自行辦學以招生。這種傳授技藝的學制一直延續到現代，依所學程度高下獲頒學士及碩士學位，至於博士則成為學者專家了。

中世紀的歐洲可粗分南北兩大勢力，南方受天主教會影響，北方歸日耳曼帝國，整個大陸則分屬許多封建王國，老百姓多在貴族統治下討生活。天主教國度臨海，發展出水路貿易，為日後資本主義社會奠基；但教會箝制思想，限制科學發展，布魯諾被火刑、哥白尼被禁書、伽利略被軟禁便是例證。相形之下，屬於化外的神聖羅馬帝國雖被視為日耳曼蠻族，但並未令思想定為一尊，這就讓開普勒擁有揮灑空間。哥白尼、伽利略、開普勒以及後來的牛頓，在宇宙天文方面徹底改變了人類

的視野和心智。由他們所啟蒙的近現代科學，也逐漸深化了大學教育的內涵，讓人類知識的傳承從此擁有豐富的園地。

3.愛好智慧

現代大學的形式與內容肯定是西方產物，雖然在中國湖南大學的前身嶽麓書院，比起義大利波隆納大學的創立還早了一百多年，但二者在本質上終究有所不同。西方高等教育思想的根源哲學宗教，中國則為倫理道德；後者一直要到十九、二十世紀西學東漸廢除科舉後，才跟前者合流。依教育史考察，西方是先有大學，再設中學，最後才有小學。大學依附天主教會講授哲理和教義，中學則源起於後來基督教興起教成人識字以讀經，至於小學則背負了拿破崙向孩子灌輸民族愛國主義的目的。其中大學教哲學的傳統是為「愛好智慧」，至於中世則轉向「敬畏上主」，哲學遂成為神學的婢女。

哲學的原意即為愛好智慧，是西方最古老的學問，原本無所不包，至十七世紀「科學革命」後才分化出各門「分科之學」。哲學上古時期長達一千一百年，涵蓋希臘與羅馬文化，強調通過愛智途徑以追求真理，其方法則為理性思辨。雖然傳統上哲學無所不包，但到如今卻顯得所剩無幾，彷彿只留下「玄之又玄、不知所云」的部分；畢竟當今哲學的核心學科，正是稱作「玄學」的形上學。不過退一步看，「玄」有「抽象」的意思，而所有存在於書本和人心中的知識學問，無不是藉著抽象方法及作用產生；用哲學的說法來講，那便是通過邏輯推論而來的理性思考。西方人認為唯有經由理性，方能企及真理。

4.理性知識

一如中國古典學問以「經、史、子、集」為主，西方古典學問則包括數學、音律、修辭、思辨等。不同之處在於中國思想自漢代獨尊儒

術後，於教育實踐便扣緊倫理道德而發，遂難以開出科學知識。相形之下，西方傳統始終走在理性思辨的道路上，連天主存在都可以經過邏輯論證來確實。尤有甚者，理性思考在古希臘並非純粹講究抽象，而是將感官經驗的認識一併納入，只是有主從之分而已。在哲學上分出理性主義和經驗主義路線，乃是十六世紀的事情，於哲學已屆近代時期，大幅擺脫掉神學宗教的影響。從中世過渡到近代，具有代表性的指標便是文藝復興；此一復興並非創新而是復古，回復到古希臘的古典傳統中。

　　理性思辨知識重視邏輯推論，一旦面對具體事物而開創科學實證知識，則要求實驗與經驗確證。這是西方思想文化的特色，連討論倫理道德也不例外。像「希臘三傑」的祖師爺蘇格拉底主張「知德合一」，就運用求知的態度去實踐道德。這點在中國人看來會認為走錯了路，例如上世紀新儒家學者唐君毅便強調應該「從人生看宇宙」，如此方能「直透本原」；至於「從宇宙看人生」，則是「最彎曲的路」。宇宙即時空及外在世界，用科學方法去探索無可厚非；人生則歸情意的內在體驗，要用人文性的生命學問去契入始稱恰當。這種認知與評價的二元取向爭議，不時出現在大學的智育與德育實踐中。

二、高等教育

1.科學革命

　　目前華人社會正規高教體制皆屬西方模式，亦即以大學、學院、學系、研究所等層級及型態，所組成的教學與研究共同體。但是這套模式在中國採用，至今也不過一百多年歷史；1905年廢除科舉，「四部」遂讓位給「七學」。「四部」是指「經、史、子、集」的「中學」傳統，「七學」則為「文、法、商、理、工、醫、農」的「西學」分科；除文

科外，其餘皆歸自然或社會科學。而像「哲學」、「科學」等詞彙，都是日本自明治維新後對西學的漢譯；哲學即愛智之學，科學乃分科之學。科學係由哲學而生，歷史上稱作「科學革命」，自十七世紀起長達兩百年，其過程則名之爲「典範轉移」，亦即信念系統的重大變革。

科學革命始自物理學，更精準地說始於宇宙學或天文學。傳統上爲天主教會所認可的「亞里斯多德—托勒密系統」主張「地球中心說」，支配了西方宇宙觀長達十五世紀，直到「哥白尼革命」才逐漸轉爲「太陽中心說」，但導致他的著作被查禁三百年。新宇宙論爲牛頓所確定，其經典代表作雖名之爲《自然哲學的數學原理》，卻令自然哲學讓位給自然科學。科學研究的工具利器便是數學，牛頓用他自己發明類似微分的數學方法流數發現了重力；傳統哲學家不諳數學，遂被排除於科學之外。但必須說明的是，歷史上不少大哲學家也是大數學家，例如畢達格拉斯、笛卡兒，以及跟牛頓同時發明微分學的萊布尼茲。

2.專門知識

西方古老大學原本以哲學代表一切學術研究，「哲學博士」至今仍是最高學術學位的代名詞。哲學中的「形上學」原意爲「後設物理學」，研究諸事萬物的「本質」，是爲「本體論」；至於物理學則考察形而下的「存在」或「現象」，是爲「宇宙論」，又稱「自然哲學」。十七世紀出現科學革命後，哲學宇宙論被科學宇宙論所取代，自天體觀測中創生出現代物理學的起點，此即古典力學。自此物理學的分支如熱學、光學、電學、磁學、原子物理學、量子力學等不斷應運而生，使得科學較哲學顯得與時俱進、推陳出新。尤有甚者，「分科之學」自物理學獨立生成後，化學、生物學、地質學等也一一浮現。

哲學原本只有分支不曾分科，一旦分科就代表走向「專門化」，必須「劃地自限、自圓其說」，通過本行術語形成自家共同體，跟外行劃清界線。由於術語只有自己人聽得懂，專門知識到頭來不免「隔行如隔

山」，這點明顯反映在大學各院系所的壁壘分明上。事實上院系所的建制，正是專門知識不斷分割下的產物。這點在西方已有解套之道，包括大學生入學延後分系，臺灣則模仿為先分院再分系。但是大陸高校因為早年模仿蘇聯之故，在學系之下設置許多專業，按照社會需求分配招生人數，如此一來讓年輕人太早被定性，無形中限制了個人興趣多元開發的可能。當然及早入行也可以創造競爭優勢。

3.專業教育

大學走向分科設系乃係專業化的產物，基本上來自科學的分化，以及技術的參與。科學的發展固然繫於學者心智的投入，但也不乏受到解決實際問題的影響而進步。以物理學為例，力學主要由考察星體運行的演算而來，熱學則足以處理砲彈發射時砲管膨脹所導致的準確問題，至於將理化科學引入各種工程技術改良更是常見。西方大學到了十八、九世紀出現兩股傳統，英國傳統培養紳士，走自由人教育路線；德國傳統則訓練技師，走專業化教育。這兩種傳統在上世紀為美國所吸收，二戰前效法英國，戰後則以德國為借鏡，廣設傳授應用知識的大學和專業科系。其優點為學以致用，缺點則為支離破碎。

臺灣的高等教育包括大學和專科兩部分，後者即以技藝傳授為主，是標準的專業教育。專科最早為三年制，僅比大學少一年，卻未授予學位，學生就讀意願較低。後來廣設五年制，結合高職和大專教育，一時蔚為流行，卻出現太早分科興趣不定的問題，想改行也不容易。相形之下，高中生考大學接受正規高等教育，仍為家長與青年心之所嚮。不過受到社會需求及學以致用心理影響，熱門科系始終以實用導向為主，例如外語、商管、工程、醫學等；而想當老師選師範類的也不少。至於什麼科系最冷門？大家一定猜得到，那就是哲學系；我上大學時，只有考古系的分數比哲學低。

4.通識教育

　　也許是稟性氣質使然，我考大學時相當擇善固執，幾乎非哲學系不念；後來也的確考取，但四年念下來越發覺得「做了過河卒子，只得拼命向前」，於是發心考碩、讀博，意外成為大學教授。拿到博士學位至今已歷三十二載，當初哲學系教職僧多粥少，只好委曲求全到外頭教共同課，沒想到一直教到今天。這種另類學以致用至今猶然，情況甚至更烈，導致流浪教師滿街跑。我開始讀博並初登杏壇的1984年，臺灣各大學正式實施「通識教育」，目的是為了避免「專業教育」過度發展，導致學生畢業成為「一曲之士」的偏差。為達此目的，規定大學生必選八學分通識課，從此養活不少正宗哲學博士，包括我在內。

　　「通識教育」的英文原意即是「普通教育」或「一般教育」，乃相對於「專門教育」或「專業教育」而言，在大陸就是「公共課程」或「文化素質教育」。此一中譯來自前香港中文大學校長金耀基，他曾著有《大學之理念》一書，對西方高等教育精神有所闡述。通識教育制度形成於美國，其根源卻來自英國。1957年科學家暨文學家史諾出版《兩種文化》，指出英國大學中長期出現科學學者和人文學者缺乏溝通、互不往來的弊病，影響及受教學生的思想亦各有所偏。經過多年的規劃，美國哈佛大學於1977年對此實施改革，要求學生在本行專攻之外，必選一系列「核心課程」，以落實完整的全方位大學教育。

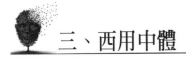

三、西用中體

1.臺灣高教

　　臺灣的高等教育原本保守，甚至不乏黨八股；然而在上世紀六、七零年代大量留學生出國又返回任教之後，情況開始有所改變。這些「歸國學人」就等於十幾二十年後大陸的「海歸派」，因為以留美居多，所以很自然地把美國大學所採行實施的作法，幾乎完全加以「橫的移植」，從此改變了兩岸高教的生態。這其中又可分為來自學理工及學社科兩大領域學者的改變，前者重形式面，後者提內容面。形式面是指科技方面的研究成果，大多以單篇論文形式刊登在學術期刊上；被引入臺灣後，竟然連帶對社科甚至人文研究也作此要求。問題是人文社會學者習慣撰寫專書，許久才完成一部，可能被視為未能持續從事研究。

　　這套評量學術成果的操作模式，經過二、三十年的經驗積累，已經完全制式化地套用在各領域學者身上，大家為維繫生計，只好從善如流。此種「西學東漸」的變革之道，不但造成形式變貌，更觸及研究內容，包括取材與方法的深化，影響最大者還是在社科方面。一九八零年代臺灣學界普遍響應「社會科學中國化」的治學方向，乍看之下似乎有回歸本土之勢，其實不過是拿西方的研究方法，來探索解決華人特有的問題，例如面子、孝道等。這種作法並非不妥而是不足，因為當時社科研究主要採取量化途徑，需要進行社會調查，對保守的國人並不完全適用；唯近年已多所輔以質性資料，其信度與效度或能得以強化。

2.大陸高教

　　大陸高教在建國後逐漸仿效蘇聯，尤其五零年代高校改革，造成專業的大幅拆解與合併，等於形成一個斷代。而更大斷代則出現於「文革」十年，幾乎接近停擺。1977年恢復高考後逐漸撥亂反正，不久陸續開始有人留洋，學成歸國就成為第一批海歸派，備受矚目，進而在政府和大學中占有重要的位置，引領著改革開放的路線與步調。四十多年後的今天，中國已蔚為世界第二大經濟體，人均產值超過一萬美元，邁入進步國家之林，這些或多或少都拜教育之賜。但是比較兩岸及西方的高等教育，還是有一些根本上的差異；例如英美最佳大學多為私立，臺灣則歸公立，而大陸民辦高校以專科居多，幾乎起不了作用。

　　由政府辦高校並非社會主義國家的專利，像法國同樣以國立大學為主力。但是大陸高校效法蘇聯的餘緒猶在，要作出重大改變恐怕力有所不逮。如學系下面設專業，專業下面分方向，學生一旦定向入學，若發現興趣不合，想轉系可得大費周章。另外考研採師徒制，先決定碩導博導再報考，跟臺灣先考取修一陣課再決定導師的作法大異其趣，二者各有利弊。凡此種種，其實都跟兩岸及全球高等教育思想有所關聯，此即為是否人人都應該上大學。其實在少子化的衝擊下，臺灣青年幾乎全有機會進大學，問題是念出來也難得學以致用，甚至連碩博士也長期失業，這就該檢討政策是否真的出了問題。

3.智育當道

　　到底大學教育將何去何從？問題的解答必須同時從施教方與受教者，即學校和學生兩方面入手。如今東西方各大學雖非義務教育，但儼然已成為整個教育體系的基本建制，而且是最高層級，因此稱之為「高等教育」。它相對於中等和初等教育，共同構成學校教育的完整環境，

再聯繫上家庭教育及社會教育，形成終身學習的「三位一體」。從理想面看，高等教育場所的確是讓年輕人樹立理想之處，但現實卻從踏出校門那一刻產生考驗；希望順利安身立命，就看如何善用本身資源以開創人生新局。眼前兩岸高校都不會保證畢業生一定能夠就業，而僅只於提供一套進入社會的基本工夫，運用之妙存乎一心。

在科技掛帥、智育當道的時代，高等教育走向分流乃屬必然；像臺灣分設一般及技職，讓有志青年各盡所能、各取所需。問題在於要先打破「萬般皆下品，唯有讀書高」的文憑主義和應試教育，令受教者找到適合自己興趣的生涯方向。改善之道理當五育並重，並且推動生命教育，讓念大學成為真正的「大人之學」，而非只會鑽牛角尖見樹不見林。生命教育可視為通識教育的深化與核心價值，因其非屬智育而歸德育，在臺灣甚至擴充為集德、群、美育於一身。當「現代教育學之父」赫爾巴特主張應由倫理學來為教育提供實踐宗旨，就意味著學校教育除了教人謀生之外，更必須促成個體自我實現。

4.人文化成

「自我實現」是人本心理學家馬斯洛所提出的人生五大需求最高境界，它不能單靠智育達成，而需要五育並重。「五育」在臺灣指「德、智、體、群、美」，於大陸則為「德、智、體、美、勞」。「群」即社會，在社會主義國家理所當然，倒是提倡勞動可以增加生產力。人生在世不脫「知、情、意、行」，倘若智育看重認知面，德育則指向情意面，最終都在行動上落實。身為當代華人，我們在接受高等教育時都已成年，必須懂得明辨自身處境，從而找到自家本事，用以安身立命。此一自家本事指的就是民族文化的底蘊和工夫；「文化」在西方代表「一個民族生活方式的全部」，於中土則強調「人文化成」的重要。

講到這裏就可以提出中國與西方高等教育思想的重大差別。西方大學早先希望培養「自由人」或「受過教育的人」，如今則務實地教人如

何發展生涯。中國在百餘年前效法西方成立現代大學,但並不意味必須拋棄古老的高等教育形式與內容,也就是傳統書院教育的教人如何「成聖成賢」。民間書院屬於官學以外的講學論道場所,始於唐代,蓬勃於宋代,至明代更形成為一股針砭時政的社會力量,例如東林書院,卻也引來當局打壓。往深一層看,這些正是儒家修齊治平、內聖外王的立身行道修養工夫,必須做到自我貞定方能擇善固執,可視為倫理道德教育的極致。現今華人社會高等教育,必須納入這套理想才算得上整全。

 # 四、生命教育

1.相輔相成

國內流行一句話叫「築夢踏實」,用學術的講法就是「現實的理想主義」;把理想當核心價值,在現實中盡情揮灑。從最現實的觀點看,西方大學早就把大學當作知識的販賣所,學生繳費上課學以致用,算是對未來投資;投資有賺有賠,大學也就可念可不念。這完全是實用功利主義的想法,無可厚非,但就高等教育的本質看來,總覺得缺少了什麼。大家也許聽說過,過去大學裏的學院書齋被稱作「象牙之塔」,是學者皓首窮經的場所;雖然看上去不食人間煙火,卻有可能為人類文明開創無限勝景。只是當資本主義橫掃全球後,任何事物都擺脫不掉成本效益的考量,連高等教育也不例外。

改善之道當然不可能返回從前,卻仍然有機會突破創新,那便是採取「爭一時也爭千秋」的態度,以擺脫急功近利弊病。具體作法有點像過去大陸計劃經濟的設計,利用大數據推估未來十年甚至二十年內各行各業的人力需求,適時調整高校招生人數,盡量達到學以致用的目的。但另一方面學生在校不能只學習實用技藝,人生修養課至少不低於四分

之一,讓具有生命教育內涵的通識課或素質課,成為高等教育內不可或缺的一環。生命教育不像專門或專業教育足以立竿見影,卻肯定對世界觀和人生觀產生潛移默化的作用。想充分落實此等理想,還是要讓政策制定者和學校經營者,認識此一高教思想的重要與必要。

2.素質教育

生命教育於兩岸都被列為重要教育政策在推行,在臺灣雖被排入高中必修課,卻可視為更上層樓的預備教育,因為它屬於「轉大人」的基本工夫。2019年是從小學到高中十二年國民基本教育的啟動年,在生命課程中,新課綱明白訂出所有年輕人必須具備的五大「核心素養」,此即「哲學思考、人學探索、終極關懷、價值思辨、靈性修養」。其以「哲學思考」為首,因為它「是探索並養成生命教育其他四項素養所不可或缺的要素」;並將之分為「思考素養」和「後設思考」兩個層面來進行。「後設」即是站在後面、上面或外面看問題的視野與能力,值得大家學習。

前面曾提及,西方高等教育自十一世紀形成,至今千年間的前六百年,都在進行哲學教育;這是它創立的根本理念與思想,不可忽略。生命教育在今天具有復興哲學教育之勢,它在臺灣以高中必修課起步,而在大學以通識課延續之。通識課即文化素質課,「素質」多指無需造作卻有待開啟的生命「潛能」,與西方教育學者所提出的「多元智能」相呼應。但是我們立即要在此指出,面對華人學生,生命教育即使要從哲學入手,也不能只學西方理性思辨那一套,而必須兼及中華文化。例如大陸教育部於2014年印發《完善中華優秀傳統文化教育指導綱要》,指示「立德樹人」的根本任務,從而確立文化素質教育方向。

3.社會教化

　　大陸的文化課從小學至大學分五學段實施，基本覆蓋整個學校教育；然而學生一旦畢業離校，非但不該停止受教，更應積極實踐終身學習的理想，以達於自我實現的境地。終身學習可分為兩方面來看；一種跟生涯發展有關，可能需要在職進修；另一則屬進德修業的自我要求，可通過社會教化落實。教化比教育範圍更大，也更具彈性；教育得有制度，教化則可隨緣流轉。在華人社會的中華文化脈絡和氛圍中，儒家思想可視為社會教化的最佳典型，因為它早已內化於大多數人們心智狀態裏，不需要太費事便能夠提取出來，使之日益精進、更上層樓、止於至善，這正是傳統書院所傳授的「成聖成賢」修養工夫。

　　儒家把人分為「聖、賢、才、智；貧、庸、愚、劣」八等，但基於人性本善的假設，認為後四等具有向上提昇的可能。依此觀之，現代西式大學主要為培養才智之士，若能在其中灌注本土傳統書院的精神，或能開啟才智之士更上層樓成聖成賢的潛能。這無疑正是「立德樹人」理想的體現，尤其在大陸，一旦將儒家思想跟社會主義理念進行有機整合，使之優勢互補，必能栽培出有為有守的新時代青年。究竟聖賢在傳統上屬於何等人生境界？去各地孔廟走一遭便可略知一二。孔廟內供奉著許多古代儒家聖賢代表的牌位，從他們的行誼中，可以歸納出聖人大多能夠「兼濟」，賢人至少必須「獨善」。

4.自我教化

　　兼濟天下與獨善其身是古代讀書人的心之所嚮，亦屬基本修養工夫，於今則歸有為有守的現代公民。它在個人修養工夫上，包含了外爍與內斂兩方面；雖然有社會教化的指引，但最終仍繫於自我教化是否到位。自我教化的前提是自我貞定，亦即心中有定見，不人云亦云，不隨

波逐流，雖千萬人吾往矣；也就是在成長過程中，逐漸培養出一套出入自如、收放自如的人生觀。對於華人大學生而言，這正是高等教育思想不可或缺的內涵，必須「東西兼治、儒道融通」。而由於目前大陸很清楚地標幟出「新時代中國特色社會主義」發展路線，源自西方的社會主義人道精神，必須跟中華文化優勢互補、融匯貫通。

目前臺港澳相對於大陸，實施的乃是不同的社會實踐，包括教育活動在內，因此在意識型態方面相對多元，比較之下應可體驗一斑。有識者必須懂得分判「多元」與「多樣」的差異；後者指出同一水平的不同選項，前者則概括不同水平的各種可能，由此反映垂直思考與水平思考需要相輔相成，學校教育方能做到舉一反三的效果。在高等教育殿堂接受生命教育的薰習，不妨效法至聖先師的生涯發展自我貞定。孔子講三十而立、四十不惑、五十知命、六十耳順、七十從心，在競爭激烈的現代社會不免嫌遲，建議有志者把每一目標都提早五年落實，人生方能立於不敗之地。

結　語

本論文主題雖涉及生命教育與高等教育思想，但我不想僅止於就事論事，而希望借題發揮，以開創集思廣益的「綜效」。如今華人社會的高等教育多半已在相當程度上全盤西化，我覺得此一方向並無不妥，但終究有所不足。身為華人高校教師前後任教三十七載，我始終認為「西用」之餘必須尋回「中體」，於教育思想上方夠周全。我的作法是推廣生命教育，用以立德樹人。生命教育於上世紀末創始於臺灣，至2010年被大陸寫入國家教育改革發展戰略中，針對年輕人以心理健康教育的面貌加以普及。生命教育在兩岸皆於大學中行之有年，可視為華人高等教育思想的核心價值，值得不斷深化。

【鈕則誠三十三部著述】

1979.05.《自我與頭腦——卡爾波柏心物問題初探》。臺北：輔仁大學。

1988.01.《宇宙與人生——巴柏的存在哲學》。臺北：輔仁大學。

1996.03.《護理學哲學：一項科學學與女性學的科際研究》。臺北：銘傳學院。

1996.10.《性愛、生死及宗教：護理倫理學與通識教育論文集》。臺北：銘傳學院。

2001.02.《心靈會客室》。臺北：慈濟。

2001.08.《生死學》。臺北：空中大學。（合著）

2003.08.《醫護生死學》。臺北：華杏。

2003.10.《護理科學哲學》。臺北：華杏。

2004.02.《生命教育——倫理與科學》。臺北：揚智。

2004.02.《生命教育——學理與體驗》。臺北：揚智。

2004.08.《醫學倫理學——華人應用哲學取向》。臺北：華杏。（合著）

2004.09.《教育哲學——華人應用哲學取向》。臺北：揚智。

2004.10.《護理生命教育——關懷取向》。臺北：揚智。

2004.12.《生命教育概論——華人應用哲學取向》。臺北：揚智。

2005.08.《生死學（二版）》。臺北：空中大學。（合著）

2005.10.《教育學是什麼》。臺北：威仕曼。

2006.01.《波普》。臺北：生智。

2006.01.《殯葬學概論》。臺北：威仕曼。

2007.02.《殯葬生命教育》。臺北：揚智。

2007.03.《永遠的包校長》。臺北：銘傳大學。

2007.08.《殯葬與生死》。臺北：空中大學。

2007.11.《觀生死——自我生命教育》。臺北：揚智。

2007.11.《觀生活——自我生命教育》。臺北：揚智。

2008.04.《殯葬倫理學》。臺北：威仕曼。

2009.01.《從常識到智慧——生活8×5》。臺北：三民。

2010.09.《生命教育——人生啟思錄》。臺北：洪葉。

2010.09.《生命的學問——反思兩岸生命教育與教育哲學》。臺北：揚智。

2013.10.《觀人生──自我生命教育》。新北：揚智。

2015.07.《大智教化──生命教育新詮》。新北：揚智。

2016.07.《學死生──自我大智教化》。新北：揚智。

2018.09.《六經註──我的大智教化》。新北：揚智。

2019.09.《新生命教育──華人應用哲學取向》。新北：揚智。

2020.04.《新生死學──生命與關懷》。新北：揚智。

生命‧死亡教育叢書

新生死學——生命與關懷

作　　者／鈕則誠
出 版 者／揚智文化事業股份有限公司
發 行 人／葉忠賢
總 編 輯／閻富萍
地　　址／22204 新北市深坑區北深路三段 258 號 8 樓
電　　話／02-8662-6826
傳　　真／02-2664-7633
網　　址／http://www.ycrc.com.tw
 E-mail ／service@ycrc.com.tw
 I S B N ／978-986-298-341-6
初版一刷／2020 年 4 月
定　　價／新台幣 320 元

國家圖書館出版品預行編目（CIP）資料

新生死學：生命與關懷 / 鈕則誠著. -- 初版.
-- 新北市：揚智文化, 2020.04
面；　公分. --(生命.死亡教育叢書)

ISBN 978-986-298-341-6（平裝）

1.生死學　2.生命教育　3.文集

197.07　　　　　　　　　　　　109003573